悦读丛书

台州市文史研究馆重点课题成果
台州市文艺精品扶持项目成果
台州市社会科学界联合会推荐项目
台州市文化和广电旅游体育局推荐项目
浙江省社科联社科普及项目成果

胡正武　著

许爱珍　摄

浙东诗路看台州

浙江工商大学出版社·杭州

图书在版编目（CIP）数据

浙东诗路看台州 / 胡正武著；许爱珍摄. -- 杭州：
浙江工商大学出版社， 2024. 12. -- ISBN 978-7-5178
-6210-9

Ⅰ．K928.955.3；I207.227.42

中国国家版本馆 CIP 数据核字第 2024MZ8484 号

浙东诗路看台州
ZHEDONG SHILU KAN TAIZHOU

胡正武 著　许爱珍 摄

出 品 人	郑英龙
策划编辑	沈　娴
责任编辑	刘　颖
责任校对	孟令远
封面设计	观止堂＿未氓
责任印制	祝希茜
出版发行	浙江工商大学出版社
	（杭州市教工路 198 号　邮政编码 310012）
	（E-mail：zjgsupress@163.com）
	（网址：http://www.zjgsupress.com）
	电话：0571-88904980，88831806（传真）
排　　版	台州书书文化传播有限公司　王　辉
印　　刷	浙江海虹彩色印务有限公司
开　　本	710 mm×1000 mm　1/16
印　　张	21
字　　数	219 千
版 印 次	2024 年 12 月第 1 版　2024 年 12 月第 1 次印刷
书　　号	ISBN 978-7-5178-6210-9
定　　价	168.00 元

龙楼凤阙不肯住

飞腾直欲天台去

何时共到天台里，身与浮云处处闲

台州地阔海冥冥，云水长和岛屿青

概

说

　　浙东唐诗之路是中国众多唐诗之路中研究起步最早、研究成果最丰富、影响最显著的文化旅游线路。不仅如此，它还是一条自然山水风光与人文资源富集的魅力廊道。号称天下奇观的钱塘江潮，浙东最大最长的运河，最早又是最大的水利灌溉工程镜湖（宋因避讳改作鉴湖），充满诗意的黄金水道剡溪，慈孝之水曹娥江，充满英雄气概的会稽山，佛道气氛浓厚的天台山、四明山、普陀山、天姥山、沃洲山、括苍山、金华山、烂柯山、石门山、仙都，居钱塘江南北交通要冲的渔浦潭、西陵（五代改称西兴）渡口，让人山阴道上行如在镜中游的古纤道，中国书法圣地兰亭，拥有"江南第一大佛"的石城寺（今新昌大佛寺），善男信女顶礼膜拜的寺院、宫观、祠庙等等，都分布在这条诗路周边。古往今来，诗路吸引五湖四海乃至海外文人极多，他们的诗文著述流播海内外，成为对外文化传播和文化交流的重要资源，天台山也因此成为中国文化辐射四方的高地。因为这里还是浙东沿海几条江河的入海口，此地又成为中外海上通商和文化传播的重要口岸。唐朝才子王勃、骆宾王、宋之问、沈佺期、孟浩然、张子容、李白、杜甫、白居易、元稹、顾况、李绅等络绎来游，都留下诗作，为浙东唐诗之路增色添辉。

　　就台州唐诗之路而言，以诗路仙山天台山为标志，沿途有石梁飞瀑、华顶、赤城、琼台双阙、寒山、桃源、台州恶溪、临海江（今灵江）、南黄诗路古道、天台宗根本道场国清寺、道教基地桐柏宫，道教全国十大洞天中的三大洞天委羽洞天（大有空明之天）、赤城洞天（上清玉平之天）、括苍洞天（成德隐玄之天），临海郡与永嘉郡交界的临海峤，台州州城临海、巾子山、城南码头（南宋以来为中津浮桥）、城墙、水军基地东湖等风景名胜。走在这条诗路上,不禁会吟诵起"天台邻四明,华顶高百越。门标赤城霞,楼栖沧岛月""来去赤城中,逍遥白云外""南国天台山水奇,石桥危险古来知"这些耳熟能详的诗句,油然而生向往之心……这一连串的浙东唐诗之路上的山水与人文胜迹迎来重视研究、保护利用、建设改造的浪潮,令人振奋,备受鼓舞。

本书以浙东唐诗之路上的山水风光和人文遗迹为基础,以唐诗和唐朝诗人为主线,兼顾其前后时代,串联各种类型的景观,以图片为载体,以唐诗为点题,合成可观可读、可感可游的大众普及性唐诗之路文旅融合之书,以收图文并茂、诗画辉映之效。一册在手,按图索骥,可为背包客、"驴友"、自驾游、研学旅行、文化旅游等个体与群体旅行提供重要参考。作为一种尝试,先从浙东唐诗之路目的地和文化地标天台山所在的台州开始,期待得到广大读者和方家的指导。

根据自然地理形势和历史文化资源分布的条件,结合当前经济社会发展特别是交通条件,将浙东唐诗之路台州片（以下简称台州诗路）做如下划分:联系历史上的官道（驿道）,从北到南,从西到东,由台越两州交界处的关岭入境,经天台、临海、黄岩、温岭（泽国、大溪）湖雾岭出境向永嘉（温州）为一列;当代交通干线浙东沿海高速与沿海海上岛屿、港湾、交通航线相融合的纵向线路为一列;台州最大水系灵江（永安溪—始丰溪—灵江—椒江）为一横。以上三者构成"H"形（或者换个角度为"工"字形）的框架,来总揽台州诗路。

目录

【壹　登天台】

小引　登天台

【贰　寻佛道】

小　引　逍遥白云

小　引　国清松径

【叁　觅奇观】

小　引　石梁飞瀑

【肆　探隐居】

【伍　攀仙都】

【捌　神仙居】

小　引　神仙居

【玖　开新途】

小　引　台温诗路与海上诗路

壹

登
天
台

● 天台

葛玄茶园

小引　登天台

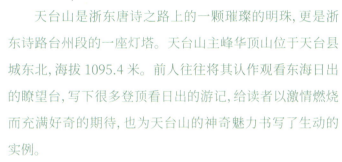

　　天台山是浙东唐诗之路上的一颗璀璨的明珠，更是浙东诗路台州段的一座灯塔。天台山主峰华顶山位于天台县城东北，海拔1095.4米。前人往往将其认作观看东海日出的瞭望台，写下很多登顶看日出的游记，给读者以激情燃烧而充满好奇的期待，也为天台山的神奇魅力书写了生动的实例。

　　天台是一个含义丰富的概念，就其命名之源来说，是顶对台星（又名台宿，台宿共有六颗星，分为三组，每组两颗，分别叫上台、中台、下台，合称"三台"，象征人间地位崇高的"三公"），所以得名天台山。就空间上看，天台山有大小两义：天台山大概念指天台山脉，它绵亘于浙东沿海中部到东北部，从台州天台县到绍兴、宁波四明山，其尾部入海化为舟山群岛，唐人徐灵府《天台山记》所载的"一头亚入沧海中"，即指归结为渐低入海的部分；小概念指天台县内山峦，又分为天台本山、其他附近山峦。这也是平时所说天台山的主体，是曹娥江和灵江的分水岭。天台山是佛教天台宗的发祥地，国清寺是天台宗的大本营，也是日本、韩国佛教天台宗的祖庭。天台山素有"佛宗道源，山水神秀"之誉，是中华十大名山之一、国家重点风景名胜区、国家生态旅游示范区、浙江省十大旅游胜地。2015年被评为全国AAAAA级旅游区，2020 年 5 月入选首批"浙江文化印记"名单。

天台山扬名四海，是因为东晋时期的著名文人孙绰来任章安令，而顺道登临这座很少有人涉足的仙山，写下一篇"掷地有声"的《游天台山赋》，把它与道教神话中的三座海上仙山相提并论："天台山者，盖山岳之神秀者也。涉海则有方丈、蓬莱，登陆则有四明、天台，皆玄圣之所游化，灵仙之所窟宅。夫其峻极之状，嘉祥之美，穷山海之瑰富，尽人神之壮丽矣。"孙绰对此赋十分得意，拿给友人范荣期看，说你就是把它扔到地上，它都会发出动听的声音。后来此文又被收入《昭明文选》，成为读书人的必读教材，天台山由此成为天下文士十分熟悉和向往的地方。东晋以来，天台山的知名度日益提高，还与佛教和道教有关，他们都看重山上幽静深邃的环境和良好的条件，两教宗师在此静心修炼，开宗立派，创建了佛教天台宗、道教上清派和道教南宗。道教最有名的道场是桐柏宫，因司马承祯、吴筠、杜光庭等道教宗师在此苦心修炼、著书立说，屡被皇帝征召入京而闻名遐迩。

天台山是一座宝山，不但有奇景，而且多宝物，令人心向往之。剡县青年刘晨、阮肇入天台山采谷皮迷路，遇到仙女搭救，与仙女结为夫妻的"天台山遇仙"传说，更是为天台山披上了一层神秘的面纱，勾起无数骚人墨客美好的联想、想象和创作的灵感。他们为这座仙山写下许多华丽的诗章，留下绕梁的余韵，激发了读者身入其境、一探究竟的美好愿望。至于天台山上的仙花异果、仙药琪树，多有前人诗歌所颂、志乘所记，与山上的白云青霭、飞瀑悬泉一样，有待读者

探索体验，续写美篇华章。

　　浙东唐诗之路中的天台山就是这样一座天地对应、古今交融的名山。文人墨客笔下的天台山色彩纷呈、变化无穷，更是一座魅力深含的"海上仙山"。唐朝诗人眼中的天台山，随着与其距离的远近，由小到大，由朦胧到清晰，由整体到局部，产生认识的递进、形象的移换、层次的递进、审美的变化等等。所以将总体上描写天台山的诗歌设为卷首，作为开篇，引入这座藏有无数动人故事、蕴含无限魅力的天台山。

天台晓望

登台山篇

〔隋〕李巨仁

台山称地镇,千仞上凌霄。　　　　苍苍耸极天,伏眺尽山川。

云开金阙迥,雾起石梁遥。　　　　叠峰如积浪,分崖若断烟。

翠微横鸟路,珠涧入星桥。　　　　浅深闻度雨,轻重听飞泉。

风急青溪晚,霞起赤城朝。　　　　采药逢三岛,寻真值九仙。

寓目幽栖地,驾言追绮季。　　　　藏书凡几代,看博已经年。

避世桃源士,忘情漆园吏。　　　　逝将追羽客,千载一来旋。

抽簪傲九辟,脱屣轻千驷。

沈冥负俗心,萧洒凌云意。

赤城山梁妃塔

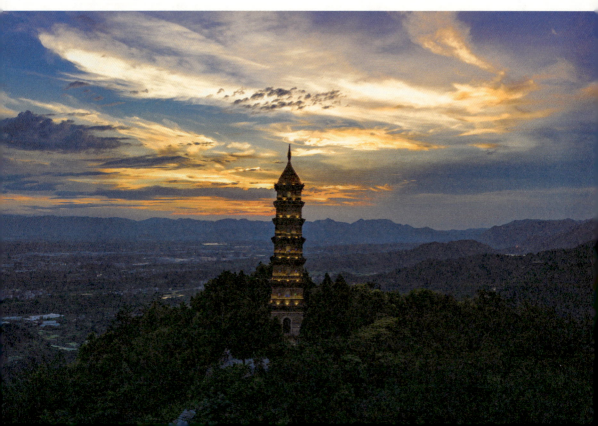

注

台山：天台山的简称。

地镇：古代州郡选取其地高大的名山，以镇安地域。

金阙迥：指日下光芒闪耀的山峰，天台山有名胜琼台双阙。迥是高远之意。

石梁：是世界地质的奇观，天台山大八景之一，号称"石梁飞瀑"。石梁龙形龟背，广不盈尺，下临深潭，瀑布如虹。传说天竺僧白道猷置生死于度外，是第一个度过石梁的。

青溪：《赤城志》载："在县西五里，源出天台山，南流入大溪。"

赤城：位于天台山麓，以山似城堞，呈红色，故名。"赤城栖霞"是天台八景之一。

幽栖：隐居。

驾言：驾车，言是助词。

绮季：绮里季的简称，汉初隐士，商山四皓之一。

漆园吏：《史记》载庄周尝为蒙县（今属山东曹县东南、河南商丘东北）漆园吏。此指庄子。

抽簪句：意为退隐山野，谢绝朝廷的反复征辟。看轻千乘的尊位，犹如脱掉破鞋。

沈冥句：沉沦（隐居）后有了不同流俗的心思。

三岛：道教神话中三座海上仙山蓬莱、瀛洲和方丈。此处代称仙境。

寻真：求仙。

值九仙：遇到众多仙人。

看博：阅读异书。博指观看异书。

羽客：指仙人。

说明

李巨仁此诗是继孙绰《游天台山赋》之后赞颂天台山的又一杰作。此诗所写天台山的自然风光与隐逸文化、崇道倾向，都是唐朝及其后世诗文写作中的传统内容，也是很受后世诗人喜欢引用和剪裁的典故出处，为唐诗之路开了先河，堪称颂扬天台山之美的画龙点睛之作。

苍山九龙寺

注　司马承祯：(647—735)，字子微，号天台白云、白云子，法号道隐，唐代知名道士。

紫府：传说神仙聚居处。

祖逸人：设宴送别出世的人，此指司马承祯。

稽岭：会稽山，越州的山镇。

音徽：原为琴上识音的标志，引申为美好的声音，此指有关司马承祯的音讯。

王屋山送道士司马承祯还天台

〔唐〕李隆基

紫府求贤士，青溪祖逸人。

江湖与城阙，异迹且殊伦。

间有幽栖者，居然厌俗尘。

林泉先得性，芝桂欲调神。

地道逾稽岭，天台接海滨。

音徽从此间，万古一芳春。

说
明

李唐皇室堪称唐朝最有代表性的诗歌世家，从唐太宗李世民始，到唐昭宗李晔止（包括武则天）共有十一位皇帝留下诗作，唐玄宗李隆基（685—762）是其中作诗较多的一位。此诗借送别司马承祯回归天台山之事，高度评价司马承祯归隐不仕的可贵品格，又表示朝廷需要有学识、有品德的高人名士，为国家建设服务。末尾表达了临别依依的不舍之情，留下悠悠余韵。

答司马承祯上剑镜

〔唐〕李隆基

宝照含天地，神剑合阴阳。
日月丽光景，星斗裁文章。
写鉴表容质，佩服为身防。
从兹一赏玩，永德保龄长。

注

司马承祯上剑镜：司马承祯献与唐玄宗的宝剑、铜镜，名曰景震剑（双剑）、上清含象镜。

宝照：宝镜。

日月：铜镜背面铸有日月星斗的图案。

写鉴：写照。

桐柏宫

说明　　司马承祯才华横溢,因薄于为吏而入道,师从潘师正,得其悉心传授。司马承祯不仅悟道神速,道术高超,而且心灵手巧、诸艺高强,他在天台山时,炼丹合药、铸剑铸镜、制琴作曲,都获得成功。从唐玄宗答谢的诗歌中,可知司马承祯所铸剑镜精致华美,博得了皇帝的喜爱和赞赏。

寄天台司马道士

〔唐〕张说

世上求真客，天台去不还。

传闻有仙要，梦寐在兹山。

朱阙青霞断，瑶堂紫月闲。

何时枉飞鹤，笙吹接人间。

注

仙要：成仙的秘诀。

朱阙：宫殿前红色双柱，代称宫殿。

瑶堂：以美石建成的殿堂。

飞鹤：是道士成仙飞升的载具。

鸣鹤观

说
明

张说（667—730）字道济，一字说之，盛唐政治家、文学家。作为宰相，他作诗送别司马承祯，是相当看重司马承祯的表现。诗中内容是赞美司马承祯高超的道术和天台山适宜修道的优越条件，尾联表达自己希望司马承祯驾鹤亲临，带领更多有缘人羽化飞升的美好愿望。

明岩幽深

送杨道士往天台

〔唐〕张九龄

鬼谷还成道,天台去学仙。
行应松子化,留与世人传。
此地烟波远,何时羽驾旋?
当须一把袂,城郭共依然。

注

鬼谷:鬼谷子,战国时期思想家、智者,隐于鬼谷,因以为号,此代称杨道士。

松子:赤松子,传说中上古神仙。

羽驾:犹言鹤驾,代称成仙。

说明

张九龄(678—740),字子寿,韶州曲江(今广东韶关西南)人,武后神功元年(697)进士,是大唐贤相,辅佐皇帝治理朝政卓有成效,享有崇高声望。他送杨道士前往天台山修炼,赞美天台山是修道的胜地,到天台山修道多有羽化的结果,祝愿杨道士到羽驾归来时能够把袂相欢,城郭依然,诗中包含着深深的祝愿和情意。

寄天台司马先生

〔唐〕崔湜

闻有三元客，祈仙九转成。
人间白云返，天上赤龙迎。
尚惜金芝晚，仍攀琪树荣。
何年缑岭上，一谢洛阳城。

注　　三元：道家称天、地、水为三元，此以三元客代称道士。
　　九转：道士炼丹提炼一次为一转，九转丹是仙丹极品。
　　金芝：金色的芝草，古代传说中的一种仙药。也指黄芝，
即黄精，是道家爱吃的食品，相传久服成仙。
　　琪树：树名，古人以为仙物，唐李绅《琪树》诗序："琪
树垂条如弱柳，结子如碧珠。三年子可一熟。每岁生者相续，
一年绿，二年碧，三年者红。缀于条上，璀错相间。"
　　缑岭：缑氏山，多指修炼成仙之处。

桐柏归云

说
明
|

　　崔湜（671—713），字澄澜，定州安喜（今河北定州）人。唐朝宰相。少有才名，存世诗三十八首。这是送别司马承祯的诗。诗中赞美司马承祯修炼有术，道行有成，珍惜天台山修炼的条件，执意回到山中，不受俗世的干扰。尾联表达了依依不舍、他年出世追随之情。

灵隐寺

〔唐〕宋之问

鹫岭郁岧峣,龙宫锁寂寥。

楼观沧海日,门对浙江潮。

桂子月中落,天香云外飘。

扪萝登塔远,刳木取泉遥。

霜薄花更发,冰轻叶未凋。

夙龄尚遐异,搜对涤烦嚣。

待入天台路,看余度石桥。

注　　鹫岭:灵鹫山的别名,在中印度摩揭陀国王舍城东北,释
迦牟尼曾在此说法,此以代称佛寺所在之山。

岧峣:联绵词,山高而峻峭之意。

龙宫:指灵隐寺中的宫殿。

夙龄:年轻的时候。

鸣鹤轻烟

说明　　宋之问（约 656—713），一名少连，字延清，汾州西河（今山西汾阳）人，一说虢州弘农（今河南灵宝）人，初唐著名诗人。他与沈佺期齐名，号称"沈宋比肩"，在唐诗代表性诗体律诗体裁的发展演变上发挥了重要的作用。此诗是宋之问被贬谪为越州长史，赴任途中留宿杭州灵隐寺时所作。创作过程有很多曲折和骆宾王指导的传说，"楼观""门对"一联尤为警策，传说即骆宾王指点的诗句。尾联被视为确认天台山是浙东唐诗之路目的地的一锤定音之句。宋之问被誉为浙东唐诗之路的弄潮儿。

送司马道士游天台

〔唐〕宋之问

羽客笙歌此地违，离筵数处白云飞。
蓬莱阙下长相忆，桐柏山头去不归。

道观一角

桐柏宫

注

离筵：送别的宴席。

蓬莱阙：代指皇宫，长安大明宫后有蓬莱池，高宗时改称蓬莱宫。

桐柏：天台山上桐柏观，是司马承祯修炼处。

说明

此诗写于司马承祯第一次奉诏入京布道，返回天台山前。其时，武则天降手敕赞美之，并指令麟台监李峤在洛阳桥东设宴送别。参加宴会的朝廷大臣、词客很多，大多作诗送别司马承祯。宋之问这首便是当时送别司马承祯诗作中的佼佼者。

桐柏重光

寄天台山司马道士

〔唐〕宋之问

卧来生白发，览镜忽成丝。
远愧餐霞子，童颜且自持。
旧游惜疏旷，微尚日磷缁。
不寄西山药，何由东海期？

说
明
|

　　宋之问才气横溢，词藻高华，与司马承祯情意投合。他
与司马承祯来往交流的几首诗，都是一往情深、令人依依难
舍的佳作。

送司马先生

〔唐〕李峤

蓬阁桃源两处分，人间海上不相闻。
一朝琴里悲黄鹤，何日山头望白云？

注　蓬阁：指"蓬莱阙"，此处代指京城、宫廷。

桃源：语出陶渊明《桃花源记》，代称隐士居处，此指司马
承祯归隐的天台山。

黄鹤：传说仙人子安曾乘黄鹤经过黄鹤楼，此喻指司马承
祯返回天台山，表示分别的忧伤。

白云：司马承祯号天台白云、白云子，此处借景怀人，一语
双关。

云隐桐柏

说明
———

李峤（约646—约714），字巨山，赵州赞皇（今河北赞皇）人。他是主持送别司马承祯东还天台山宴会的大臣，时任麟台少监，对司马承祯情意拳拳。当时参加送别的朝中各级官员当场作诗相送，李峤此诗即其中之一，写得声情并茂，令人感动，久久难忘。

同工部李侍郎适访司马先生子微

〔唐〕沈佺期

紫微降天仙，丹地投云藻。

上言华顶事，中问长生道。

华顶居最高，大壑朝阳早。

长生术何妙，童颜后天老。

清晨朝凤京，静夜思鸿宝。

凭崖饮蕙气，过涧摘灵草。

人非冢已荒，海变田应燥。

昔尝游此郡，三霜弄溟岛。

绪言霞上开，机事尘外扫。

顷来迫世务，清旷未云保。

崎岖待漏恩，怵惕司言造。

轩皇重斋拜，汉武爱祈祷。

顺风怀崆峒，承露在丰镐。

泠然委轻驭，复得散幽抱。

柱下留伯阳，储闱登四皓。

闻有参同契，何时一探讨？

茶园

注

紫微：天文上有紫微垣，喻指人间帝王宫殿，本句义指司马承祯应召入京进宫布道。

丹地：涂成红色的地面，此指宫廷。

云藻：华丽的辞藻。

鸿宝：道教修炼仙丹的书籍。

昔尝联：此联是回忆自己曾任台州录事参军之职三年的经历。

绪言：此指没有说透的话语。

机事：机巧、巧诈之事。

说明

沈佺期（656—715），字云卿，相州内黄（今河南内黄）人。高宗上元二年（675）进士，以阿附张易之流驩州，内移台州，后重新起用为中书舍人等。他是初唐大才，与宋之问一起推进了唐律诗的完善和定型。此诗是司马承祯在洛阳时，沈佺期与李适一起上门看望时所作。诗中称赞司马承祯道行高超，深受皇帝喜爱。嗣后回忆自己此前曾经在台州担任录事参军之职三年的经历，似乎诗人在与司马承祯叙说往事、闲话家常。

舟中晓望

〔唐〕孟浩然

挂席东南望，青山水国遥。
舳舻争利涉，来往任风潮。
问我今何适，天台访石桥。
坐看霞色晓，疑是赤城标。

注

挂席：拉起风帆。

舳舻：船舶。

何适：往哪里去。

赤城标：语出《游天台山赋》"赤城霞起以建标"，赤城
山上有天台八景之一"赤城栖霞"，是天台山的标志之一。

说明

孟浩然（689—740），襄州襄阳（今湖北襄阳）人。山水
田园诗人，世称"孟襄阳"。他不远千里，长途跋涉来到天台
山，是一位游历浙东唐诗之路沿海线路殆尽，留下较多记游
诗作的诗人。他在《自洛之越》中明确表示"山水寻吴越，
风尘厌洛京"。他在天台山时主要与道士交游，修道、采药、炼
丹等无不参与。此诗是诗人从越州（今浙江绍兴）剡中乘船
来天台山途中写下的，颈联"问我今何适，天台访石桥"成为
来游浙东唐诗之路的经典，也是进一步佐证天台山是浙东唐
诗之路目的地的作品。

石梁飞瀑

题云门山寄越府包户曹徐起居

〔唐〕孟浩然

我行适诸越,梦寐怀所欢。
久负独往愿,今来恣游盘。
台岭践磴石,耶溪溯林湍。
舍舟入香界,登阁憩旃檀。
晴山秦望近,春水镜湖宽。
远怀伫应接,卑位徒劳安。
白云日夕滞,沧海去来观。
故国眇天末,良朋在朝端。
迟尔同携手,何时方挂冠?

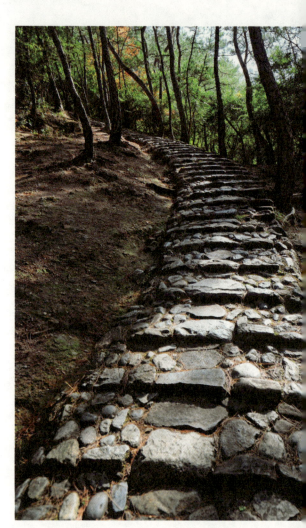

台岭践磴石

注

云门山：在绍兴城南。东晋王献之居此，见五色祥云而建寺，名云门寺。

越府：唐朝越州曾经设置过总管府、都督府、节度使、观察使等机构。

户曹：此指越州司户参军事之职。

台岭：天台山。

磴石：石头铺的台阶。

耶溪：若耶溪的简称，又作若邪溪、邪溪。在绍兴城南，流经云门山下，是浙东唐诗之路上的名水。

香界：代称佛寺。

旃檀：源自梵语，此指以旃檀木雕刻的佛像。

秦望：秦望山，在绍兴东南，秦始皇登临此山以望东海，使李斯勒石纪功，故名。

镜湖：原在会稽城南，故名南湖，又名长湖、大湖，东汉太守马臻筑塘立湖，周三百一十里，溉田九千余顷。王羲之云"山阴路上行，如在镜中游"，因得名镜湖。宋以后逐渐围垦，水面不断缩小。

迟尔：等候你。

说明

此诗中特别拈出"台岭践磴石"，所指何意？其实台岭就是指天台山，因上山要翻山越岭，要攀登石级，磴石就是上山的石级台阶。此诗充满诗人尽情游览台越山川风光与人文胜迹，实现夙愿之后欢快愉悦的心情，诗意如花，表达了与友人携手栖隐，愿意长留于此的心情。

越中逢天台太一子

〔唐〕孟浩然

仙穴逢羽人，停舻向前拜。
问余涉风水，何事远行迈？
登陆寻天台，顺流下吴会。
兹山夙所尚，安得闻灵怪？
上逼青天高，俯临沧海大。
鸡鸣见日出，每与仙人会。
来去赤城中，逍遥白云外。
莓苔异人间，瀑布作空界。
福庭长不死，华顶旧称最。
永愿从此游，何当济所届？

说
明

　　孟浩然来到浙东，畅游台越诸州，心情大爽，长久夙愿，一朝成真，他的欣喜之情可想而知。上一首诗中"我行适诸越，梦寐怀所欢。久负独往愿，今来恣游盘"已经将这种夙愿成真的感受表达得很清晰。此诗中"登陆寻天台"是用了孙绰《游天台山赋》序中"入海则有方丈、蓬莱，登陆则有四明、天台"的典故，赞美天台山的美好。孟浩然写作此诗时心情高兴，佳句迭出，"来去赤城中，逍遥白云外"尤其超脱警策，令人悠然神往。

赤城山

注　仙穴：仙洞。剡中天台自古被称为神仙窟宅,此即指剡中天台。

羽人：语本屈原《远游》:"仍羽人于丹丘兮,留不死之旧乡。"汉王逸注:"《山海经》言有羽人之国,不死之民。或曰人得道,身生毛羽也。"道教追求的便是"羽化登仙",羽人是对道士的尊称,此处尊称太一子。

舻：船尾谓舻,此代指船。

登陆：语出《游天台山赋》"登陆则有四明、天台",指到浙东来游天台山。

吴会：吴郡与会稽郡,合称吴会。

莓苔：《游天台山赋》有"践莓苔之滑石,搏壁立之翠屏",石梁尤以莓苔湿滑著称。

空界：语出《游天台山赋》"瀑布飞流以界道",指瀑布飞流直下,分开了仙凡之间的道路。

福庭：语出《游天台山赋》"寻不死之福庭",指成仙之地。

何当：何时。

济：渡水,引申为到达。

所届：要到达的地方。

将适天台留别临安李主簿

〔唐〕孟浩然

枳棘君尚栖,匏瓜吾岂系?
念离当夏首,漂泊指炎裔。
江海非堕游,田园失归计。
定山既早发,渔浦亦宵济。
泛泛随波澜,行行任舻枻。
故林日已远,群木坐成翳。
羽人在丹丘,吾亦从此逝。

注

主簿:唐制县令之下设县丞一人、主簿一人,助理管治。

枳棘:枳与棘都是多刺的恶木,比喻恶人或小人。

匏瓜:语出《论语·阳货》"吾岂匏瓜也哉,焉能系而不食",后以之喻无所作为、无用之人。

炎裔:南方之地。

堕游:一作惰游,指怠惰而游手好闲之人。

归计:回家乡谋生之法。

定山:一名狮子山,原在江水中,今在杭州市西湖区转塘街道,已经远离水边。

渔浦:在萧山西边浦阳江畔,此处为富春江、浦阳江和钱塘江三江交汇处,钱塘江潮至此成强弩之末,故南北渡江危险性大减,是浙东唐诗之路的起点之一。

宵济:夜渡。

枻:船桨。

丹丘:昼夜通明之地,语出《楚辞·远游》"仍羽人于丹丘兮,留不死之旧乡",后用指神仙居住之处。此代称天台山。

佛前香花

　　此诗是孟浩然从杭州到天台的"留别"诗,有时间(夏首,就是初夏,阴历四月),有渡江地点(定山、渔浦潭渡口,此处钱塘江波浪较小),有交通工具(舻枻,即舟楫,指乘船),有目的地(丹丘,古代神话传说中昼夜通明之地,常指神仙居住的地方,代称天台山)。如果说宋之问的"待入天台路,看余度石桥"是以天台山为目的地的首唱,孟浩然此诗则是继起响应的力作。可以看到唐朝诗人游历浙东,以天台山为目的地不是个别现象,而是一种常识乃至共识。

天台晓望

〔唐〕李白

天台邻四明，华顶高百越。
门标赤城霞，楼栖沧岛月。
凭高登远览，直下见溟渤。
云垂大鹏翻，波动巨鳌没。
风潮争汹涌，神怪何翕忽。
观奇迹无倪，好道心不歇。
攀条摘朱实，服药炼金骨。
安得生羽毛，千春卧蓬阙？

华顶杜鹃

注

四明：山名，在宁波西八十里，山有峰最高，峰顶有四穴，可望天空如窗户，即今名四窗岩，以此得名。宁波古名明州，亦以四明山得名。

华顶：天台山顶峰，如花之顶而得名。

沧岛：海岛。

溟渤：大海。

云垂句：语出《庄子·逍遥游》，（鹏）"怒而飞，其翼若垂天之云"。翻指展翅飞翔。

翕忽：急速的样子。

无倪：无边无际的样子。

炼金骨：炼成金刚不败之身，指道士修道炼成长生不老之果。

蓬阙：蓬莱阙，神仙居住的地方。

说明

李白（701—762），字太白，号青莲居士，陇西成纪（今甘肃静宁西南）人，生于西域碎叶（今吉尔吉斯斯坦托克马克附近）。他是唐朝诗人的代表，被尊称为"诗仙"。李白由于祖上被流放西域碎叶，到其父李客逃回蜀中江油的身世历史问题，不能参加当时的科举考试，必须寻求其他途径才能实现进入仕途、建功立业的远大抱负。李白出蜀后常给州郡长官写信，如著名的《上韩荆州书》，就是寻求晋升途径的表现之一。他到天台山来，与道士打得火热，就是看到道教宗师具有常人没有的话语权和可以推荐人才的超然地位。此诗就是李白怀抱理想，东游天台，亲身实践行教修炼全套动作后写下的，表现一种诚心修道、不问世事的追求。但李白恰是通过天台山道教宗师司马承祯、吴筠以及贺知章、玉真公主等人的推荐，得到唐玄宗的召见，被提拔为翰林供奉，成为平步青云、取得成功的典型，他为天下千万想进入仕途的读书人树立了榜样，带动了浙东唐诗之路的形成。该诗在赞颂天台山神秀山水与无比阔大的景象中，表达了自己向往道教，要修炼成为长生不老的金刚不败之身，长住在堪称海上仙山的人间乐土天台山上的愿望。

送王屋山人魏万还王屋并序（节选）

〔唐〕李白

　　王屋山人魏万，云自嵩、宋沿吴相访，数千里不遇。乘兴游台、越，经永嘉，观谢公石门。后于广陵相见，美其爱文好古，浪迹方外，因述其行而赠是诗。

天台连四明，日入向国清。
五峰转月色，百里行松声。
灵溪咨沿越，华顶殊超忽。
石梁横青天，侧足履半月。
眷然思永嘉，不惮海路赊。
挂席历海峤，回瞻赤城霞。
赤城渐微没，孤屿前峣兀。
水续万古流，亭空千霜月。

"一行到此水西流"碑

注

永嘉：郡名，唐改为温州。

谢公：南朝宋文学家谢灵运，曾任永嘉太守，中国山水诗派鼻祖。

石门：在今青田县，有两山相对如门，有大瀑布垂下，为浙东唐诗之路胜景。因谢灵运曾在石门游览咏诗，故此处称谢公石门。

广陵：今江苏扬州。

国清：国清寺，为天台宗祖庭，在天台县城北天台山麓。隋开皇十八年（598）杨广（隋炀帝）为智者大师遗命而建。后天台宗东传朝鲜半岛、日本，国清寺成为日韩天台宗的祖庭。

五峰：围绕国清寺周围的五座山峰，分别是八桂、灵禽、祥云、灵芝、映霞。

灵溪：水名，在县北十五里福圣观前。

超忽：遥远的样子，此指华顶高耸入云。

赊：遥远。

挂席：扬起风帆。

海峤：临海峤，在临海郡与永嘉郡交界不远处，即温峤，又名温岭，在今温岭市温峤镇。

孤屿：在温州城北瓯江江中岛屿，又名江心屿，历代名人登临遗迹很多，诗作亦多。

峣兀：高险的样子。

亭：此指孤屿上的谢公亭。

说明

唐朝是产生明星诗人的时代，也是涌现追星人（粉丝）的时代。此诗有意思之处在于把两者恰到好处地结合起来，让读者能非常完整地看完一位明星诗人在前面游历，一个粉丝不远数千里在后面追星的奇事。李白把浙东七州游了六州（唯衢州未到），似乎天注定在为今天的浙东唐诗之路做导游，和魏万的唱和之作，便是畅游浙东唐诗之路的导游词。

赠微上人

〔唐〕刘长卿

禅门来往翠微间,万里千峰在剡山。
何时共到天台里,身与浮云处处闲。

注

上人:对和尚的尊称。
禅门:佛门。
翠微:指山的苍翠之色。
剡山:在嵊县城北,今嵊州市区。

刘长卿（？—约789），字文房，宣州（今安徽宣城）人，一说河间（今属河北）人。他在浙东山水间徜徉良久，经历过浙东袁晁起义，因此十分了解当时社会各界渴望恢复太平，重新过上安定生活的心情，"农归沧海畔，围解赤城西"就是纪实诗句。此诗名句为"何时共到天台里，身与浮云处处闲"，刘长卿把握住了游客向往天台的心理，把跋山涉水来到天台山的心情表达得如此准确得当，富于感染力，同时也很好地道出了剡中与天台的亲密关系。

山有八重

会稽秋晚奉呈于太守

〔唐〕张继

寂寂讼庭幽, 森森戟户秋。
山光隐危堞, 湖色上高楼。
禹穴探书罢, 天台作赋游。
云浮将越客, 岁晚共淹留。

注

讼庭：官府中处理诉讼案件的法庭、讼堂。

戟户：贵家门户, 此指会稽郡府衙。

危堞：堞指城墙上齿状的垛口, 危堞指高大的城墙。

禹穴：大禹陵, 在今绍兴城南。

岁晚：年底。

淹留：停留。

说明

张继，生卒年不详，字懿孙，襄州（今湖北襄阳）人。天宝十二载（753）进士。安史之乱起，约在肃宗至德二载（757）避难于浙东。此诗最大的亮点是道出当时来浙东游宦文人的一般游历途径乃至模式，就是来到浙东政治中心越州，游历越州风光之后，再到天台山一游。"凭高登远览，直下见溟渤"，诵读东晋孙绰《游天台山赋》，怀古思今，情动于衷而形于言，就多有诗作。

苍山天仙寺

天台道中示同行

〔唐〕章八元

八重岩崿叠晴空，九色烟霞绕洞宫。
仙道多因迷路得，莫将心事问樵翁。

天台云起

注

　　八重：《临海记》载："天台山上应台星，超然秀出。山有八重，视之如一。"

　　峄：险峻的山崖。

　　樵翁：砍柴的老人。

说明

　　章八元，生卒年不详，字虞贤，睦州桐庐（今属浙江杭州）人。代宗大历六年（771）进士。诗人行于天台道路上，看到此地山水奇特，烟霞缭绕，宛如洞天仙府，想起天台山很早就是仙人居住、修炼之地，还有刘阮遇仙等传说。这让面前的天台山更加显得充满神秘色彩，让诗人陶醉其中。

送无可上人

〔唐〕贾岛

圭峰霁色新，送此草堂人。
麈尾同离寺，蛩鸣暂别亲。
独行潭底影，数息树边身。
终有烟霞约，天台作近邻。

注　　　圭峰：像圭一样的山峰。

霁：雨晴。

麈尾：本是以麈（鹿属动物）的尾巴做成的拂尘，用于
驱赶蚊蝇。后古人清谈时必执麈尾，犹如棋手经常拿着折扇，
相沿成习，为名流雅器。

蛩鸣：蟋蟀的叫声。

说
明

贾岛（779—843），字浪仙，一作阆仙，范阳（今河北涿州）人。早年为僧，法名无本，元和年间随韩愈入长安，还俗应举，曾任遂州长江县（今四川省遂宁市大英县）主簿，世称贾长江。此诗在表现与天台山有关的诗歌中显得别具一格，其中"独行潭底影，数息树边身"一联成为唐诗中的名句。尾联点题，揭示无可上人献身佛学，与天台山有不解之缘，展示了天台山当时在佛教界崇高的地位和巨大的影响。

高明讲寺

卜择幽居地

〔唐〕寒山

卜择幽居地，天台更莫言。
猿啼溪雾冷，岳色草门连。
折叶覆松室，开池引涧泉。
已甘休万事，采蕨度残年。

说明　　寒山姓名、籍贯、生卒年皆无考，隐居于天台县西部寒岩，因以山为名。寒山与国清寺僧拾得要好，每隔数日，他就到寺背走拾得为他准备的寺僧的剩饭剩菜，而不管别人的嘲笑打骂，以此为生。因其人生经历曲折，阅历丰富，深知社会底层人民之疾苦，又长期受寺院氛围的感染，其诗多有包含佛理、劝人行善之作，被有的人看成"诗僧"，实则是一个落魄的流浪汉。其诗多写于屋墙、树皮、砖头、瓦片、岩石之上，磨灭者不知多少，现在流传于世的还有三百多首。寒山诗从鸦片战争之后开始向西方传播，现代翻译不但数量增多，而且广泛传播于东洋和西洋各地，以至于在欧美掀起"寒山热"，寒山成为美国"嬉皮士"的精神导师和崇拜偶像，受到热捧，被誉为中国唐朝最了不起的诗人。

注

卜择：本是古人用占卜预测吉凶而做出选择，后来就作
为选择之义。

采蕨：蕨是低等植物，其嫩叶可食。采蕨代称隐居者的
生活。

寒岩

余家本住在天台

〔唐〕寒山

余家本住在天台,云路烟深绝客来。
千仞岩峦深可遁,万重溪涧石楼台。
桦巾木屐沿流步,布裘藜杖绕山回。
自觉浮生幻化事,逍遥快乐实善哉。

注

桦巾:用桦树皮制作的头巾。

藜杖:用藜的老茎制作的手杖,此指以野树枝当作藜杖。

说明 —— 　　此诗是寒山写以天台山为家的一首诗作。寒山在天台山隐居多年之后，对此地的山川草木、风土人情已经习惯、适应，受环境的熏陶，入境则化，从思想感情上成为与天台人无别的"天台人"。

明岩

自从到此天台境

〔唐〕寒山

自从到此天台境，经今早度几冬春。
山水不移人自老，见却多少后生人。

说明

寒山来到天台,流浪行歌,生活上寒苦到食不果腹、衣不蔽体,平时能够与他交流的除了国清寺的拾得外,只有放牛娃、田舍汉,此外就是明月清风了。此诗感慨山中一日世上千年,但人终是敌不过山水不移,人生短暂,时节如流。

十里铁甲龙

贰

寻佛道

● 天台

逍遥白云

小引　逍遥白云

　　赤城山是进入天台山的门户，是天台山诸多胜景中的第一道景区，与国清寺相距不远，所以连在一起，与之归成一个景区介绍。现在天台县旅游管理部门开通"礼佛问道专线"公交车：天台山游客中心—国清寺—高明讲寺—智者塔院—天台山雪乐园—狮子口驿站—桐柏宫—桐柏驿站（今鸣鹤观）—天台山游客中心。这条公交线路称 A 线，为游览以国清寺为中心的著名佛道寺观提供了很大的方便。

赤城栖霞

　　赤城是天台众多名胜的开端，《天台山游览志》称"名胜始赤城"，就已做定位。赤城因它特别的颜色与形状而得名。其山属丹霞地貌，呈现如同火烧过的赭红色，岩石形状层层叠叠，远望如城堞，故名为赤城，又名烧山。赤城之景在早晚特别引人瞩目，其山顶上常有云霞相映，光芒万丈，炫人眼目，成为远观天台的一个标志，昔人列之于天台大八景之一，名叫"赤城栖霞"。赤城位置在天台山麓南面，介于天台山与天台县城之间，古代以为天台山的南门，作为登临天台山的首道门户。唐代诗人所作诗歌很多，为之赞颂揄扬而使之声名远播。如孟浩然、李白等大家巨公都有名作，千百年来传诵于人口，影响深远。

题终南翠微寺空上人房（节选）

〔唐〕孟浩然

暝还高窗眠，时见远山烧。
缅怀赤城标，更忆临海峤。
风泉有清音，何必苏门啸。

注　　终南：终南山，在长安南约八十里，一名太一山，又名地肺山，是靠近京师的道佛名山。

翠微寺：前身为太和宫，武德八年（625）建，贞观十年（636）废，贞观二十一年，唐太宗命阎立本再修建为翠微宫，元和元年（806）改为寺。

远山烧：远山烧山之火。烧读去声。

苏门啸：晋阮籍于苏门山遇到孙登，与之商讨古史和栖神导气之术，孙登都一言不发，阮籍就发出长啸而退。下山到半岭，听到半空有若鸾凤之声回荡山谷，是孙登的啸声。后以苏门啸指高士的啸咏。

余霞成绮

说明

此诗是孟浩然游历浙东之后返回长安，到终南山翠微寺所作，原诗较长，这里节选末三联。诗中可见浙东山水，尤其是台州天台山、临海峤在他的心中留下的深刻印象。"缅怀赤城标，更忆临海峤"是此诗中标举台州山水的名句。

早望海霞边（节选）

〔唐〕李白

四明三千里，朝起赤城霞。
日出红光散，分辉照雪崖。

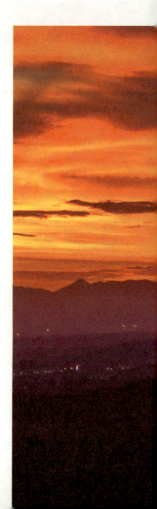

注　　　四明：山名，道教佛教名山，属三十六小洞天之
第九洞天，号丹山赤水洞天。由天台山发脉，向东北
一百三十里，涌为二百八十峰，横跨宁波的余姚、
海曙、奉化，连接绍兴的嵊州、上虞五个县（市、
区）。林深草密，青山碧水。

说明

李白对天台山情有独钟，寄意高远。此诗共八句，此处选取前两联，亦化用《游天台山赋》"涉海则有方丈、蓬莱，登陆则有四明、天台"之典。浪漫主义诗人李白纵情驰骋想象力，笔下的天台山，美景无边，十分诱人。

霞起赤城

从剡溪至赤城

〔唐〕顾况

灵溪宿处接灵山，窈窕高楼向月闲。
夜半鹤声残梦里，犹疑琴曲洞房间。

万魁双塔

注

灵山：有神灵守护的山，此指天台山。武元衡《送吴侍御司马赴台州》诗云："余有灵山梦，前君到石桥。"即其例。

窈窕：叠韵联绵词，这里是深幽的意思。

洞房：指深幽高大的楼房，前后相通相连。洞是通达之意。

说明

顾况（727？—816？），字逋翁，号华阳山人，苏州海盐（今属浙江）人，中唐名诗人。此诗所写是诗人初临天台时的心情，也是他熟读《文选》，久已向往天台山，庆幸能够一睹为快的表白。同时此诗题也清楚地交代了他来台州的官道路线。

忆游天台寄道流

〔唐〕张佐

忆昨天台到赤城，几朝仙籁耳中生。
云龙出水风声急，海鹤鸣皋日色清。
石笋半山移步险，桂花当涧拂衣轻。
今来尽是人间梦，刘阮茫茫何处行。

注

道流：道士。

海鹤鸣皋：传说中有鹤善和鸣，鱼多潜伏，以比贤人。皋
指高地山丘，鹤鸣于高地，声音远传，比喻声名显著。

石笋：与钟乳一样都是长年滴水凝结而成的，被道士视
为可以养生延年的妙药。此处石笋是指像石笋一样的岩石。

刘阮：刘晨、阮肇，是古代"刘晨、阮肇天台山遇仙"传
说中的两个男主角。

说
明

张佐，大历中进士。此诗所描写的人和事物如仙籁、海
鹤、石笋、桂花、刘阮等等，都是修道者所喜爱的，很切合诗
题。此诗是较早使用刘阮遇仙典故的作品。

赤城霞标

寄天台准公

〔唐〕鲍溶

赤城桥东见月夜，佛垅寺边行月僧。
闲蹋莓苔绕琪树，海光清净对心灯。

注　　佛垅：智者大师初到天台山时首个宴坐处。隋灌顶《国清百录序》：“先师……初隐天台所止之峰，旧名佛垅。”佛垅寺即南朝陈太建十年（578）宣帝敕名修禅寺，今为真觉讲寺，又名智者塔院，俗称塔头寺。

方外春风

说
明
鲍溶,生卒年不详,字德源,自称"楚客",寓居长安、洛
阳。元和四年(809)进士,与韩愈、孟郊等友善。这是一首
与和尚交游的诗。佛垅是天台山著名胜迹,而莓苔、琪树也是
和尚喜欢之物。此诗为当时天台山儒佛道融合提供了佐证。

送陟遐上人游天台

〔唐〕姚合

万叠赤城路,终年游客稀。
朝来送师去,自觉有家非。
石净山光远,云深海色微。
此诗成亦鄙,为我写岩扉。

注

万叠:赤城山呈红色,山体层叠如城堞,故云。

岩扉:岩洞之门,此指陟遐上人所居寺院门口的岩石。

说明

　　姚合(777—843),陕州(今河南三门峡市陕州区)人。元和十一年(816)进士,曾任杭州刺史。这首诗从赤城着笔,一语双关,万叠既写实景,就是赤城山层层叠叠,又写佛理,暗喻佛家修行如同攀登赤城万叠之路。颔联(第二联)说出家人可以游历天台山,而自己则被"家"羁绊,难以实现夙愿,全诗蕴含着对天台山的向往之情。

赤城山玉京洞与济公院

寒木苍然

早发中岩寺别契直上人

〔唐〕许浑

苍苍松桂阴,残月半西岑。

素壁寒灯暗,红炉夜火深。

厨开山鼠散,钟尽岭猿吟。

行役方如此,逢师懒话心。

注

　　中岩寺:在天台赤城山上麓。唐朝开成元年(836)立《赤城山中岩寺碑》,沙门神邕撰文,牛僧孺书。

　　行役:本指服兵役、徭役等公差役,此指自己起早出门赶路的行旅。

说明

　　许浑(788?—858,一说791—858),字用晦,一作仲晦,洛阳人。成年后移家润州(今江苏镇江)丁卯桥,人称"许丁卯"。文宗大和六年(832)进士,曾任睦州刺史等职。此诗表达诗人行役(公差)至此寺投宿,大约在深秋或冬季,天气寒冷,夜里需要生火,山路十分寂静。诗人一路上走得精疲力尽,话都懒得讲了。许浑与中岩寺结有深缘,下一首诗即可领会。

早发天台中岩寺度关岭次天姥岑

〔唐〕许浑

来往天台天姥间，欲求真诀驻衰颜。
星河半落岩前寺，云雾初开岭上关。
丹壑树多风浩浩，碧溪苔浅水潺潺。
可知刘阮逢人处，行尽深山又是山。

注　关岭：是台州天台与越州剡县（今绍兴新昌）交界之岭，
历史上平时设铺驿，战时设戍寨关，又名虎狼关，是浙东唐诗
之路上的重要驿站关隘。
真诀：道士修炼成仙的秘诀。
岩前寺：中岩寺，赤城半山陡峻壁立，寺依崖壁而建，故
称。

说明　许浑出身官宦世家，他来游天台山时已经是历经人生曲
折、饱尝仕途滋味之后，此诗所写可看出他游历天台的目的，
是"欲求真诀驻衰颜"，即追求长生不老、延年益寿。此诗可
作为天台山适宜养生的佐证。

关岭铺

思天台

〔唐〕许浑

赤城云雪深，山客负归心。
昨夜西斋宿，月明琪树阴。

说
明　　许浑此诗抓住天台山上的云海、大雪、明月、琪树这些景物,说明天台山超凡出俗,适宜修炼。

道教第六洞天

国清寺丰干桥

小引　国清松径

　　国清寺是依据天台宗创始人智𫖮（智者大师）亲手所画的样式建的。智𫖮开创天台宗后，想建一寺庙，作为正式祖庭，但限于资金，迟迟无法动工。他在给晋王杨广（即后来的隋炀帝）的遗书中说："不见寺成，瞑目为恨。"杨广见书后，极为感动，便派司马王弘监造国清寺。于隋开皇十八年（598）建造，初名天台寺，后根据智𫖮遗书所言"寺若成，国即清"而改名国清寺。李白《普照寺》诗谓"天台国清寺，天下为四绝"，与荆州玉泉寺（在今宜昌）、济州灵岩寺（在今济南）、润州栖霞寺（在今南京）齐名，号称"天下四绝"。

　　唐武宗会昌五年（845）"法难"（灭佛），国清寺被毁，唐宣宗大中五年（851）重建，柳公权书额。智𫖮开创佛教天台宗，在朝野引起广泛关注，后来国清寺落成，成为天台宗的根本道场。在唐朝，天台宗风靡佛教界，上自皇室，下至平民，无不尊崇膜拜，天台也成为中国佛教对外传播的高地和热点，日本、朝鲜半岛都派遣学问僧、遣唐使来台州登天台求法，礼请（抄写）天台宗经典，携归本国。天台宗的发展出现"墙内开花墙外香"的现象，在日本、朝鲜半岛（现在主要是韩国）获得很大的发展，拥有大批信众，日本天台宗还拥有大学、报纸电视台和实业，基础雄厚，弘传佛法，开拓出了崭新的局面。到了现代，天台宗还广泛传播于南洋、西洋，在海外拥有众多的信徒，形成广泛的势力，是佛教传播中一支不容小觑的力量。

　　国清寺规模宏大，历史悠久，建寺迄今已历一千四百多年。今天国清寺所存建筑主体系雍正十二年（1734）修建。"文革"中，国清寺被改作他用，僧人被遣散，佛像被毁。1972年中日邦交正常化之后，日本首相田中角荣请求来天台山国清寺朝拜，周恩来总理立即决定重修国清寺。1973年拨出专项巨款，并从北京调拨必要的法器，计一百多件，运到国清寺，为重修寺院提供必要条件。国清寺成为1979年后全国首个对外开放的著名寺院，是国务院确定的汉传佛教重点寺院。

国清寺隋梅

普照寺

〔唐〕李白

天台国清寺，天下为四绝。
今到普照游，到来复何别？
楠木白云飞，高僧顶残雪。
门外一条溪，几回流岁月。

隋代古刹国清寺山门

注

普照寺：富阳净明寺原名普照寺，约建于隋朝，更名于北宋。

四绝：晏殊《类要》云："齐州灵岩、荆州玉泉、润州栖霞、台州国清，世称四绝。"

楠木：高大乔木，叶如桑。

说明

此诗为李白游台州后到普照寺有感而作，诗人感慨普照寺及其门前流水都与国清寺相似，在盛赞普照寺的同时，表明了国清寺为天下四绝的原因。

天台智者大师画赞

〔唐〕颜真卿

天台大师俗姓陈,其名智颛华容人。
隋炀皇帝崇明因,号为智者诚敬申。
师初孕育灵异频,彩烟浮空光照邻。
尧眉舜目熙若春,禅慧悲智严其身。
长沙佛前发弘誓,定光菩萨示冥契。
恍如登山临海际,上指伽蓝毕身世。
东谒大苏求真谛,智同灵鹫听法偈。
得宿命通弁无碍,旋陀罗尼华三昧。
居常西面化在东,八载瓦官阐玄风。
敷演智度发禅蒙,梁陈旧德皆仰崇。
遂入天台华顶中,因见定光符昔梦。
降魔制敌为法雄,胡僧开道精感通。
又有圣贤垂秘旨,时平国清即名寺。
赎得鱼梁五百里,其中放生讲流水。
后主三礼洞庭里,请为菩萨戒弟子。
炀皇世镇临江涘,金城说会求制止。
香火事讫乃西旋,渚宫听众逾五千。
建立精舍名玉泉,横亘万里皆禀缘。
炀皇启请回法船,非禅不智求弘宣。
遂著净名精义传,因令徐柳参其玄。
帝既西趋移象魏,师因东还遂初志。
半山忽与沙门颠,俄顷逡巡偕韬秘。
止观大师名法源,亲事左溪弘度门。
二威灌顶诵师言,同禀思文龙树尊。

荆溪妙乐间生孙,广述祖教补乾坤。
写照随形殊好存,源公瞻礼必益敦。
俾余赞述斯讨论,庶几亿载垂后昆。

智者大师像

智者大师讳□　沙门□镜□

入胎□□　降诞□□

大龝惠薆　□□□□

截冷陈之　香传晋□

薾士无渟　禅之□

山□恩隆　水□□□

法化阮普　缁门□□

大师真彰一龘

天台沙门□□□□

人上□□本国□

供卷

注

华容：今湖南岳阳辖县。

明因：是"因明"的倒序，因明学随佛教从天竺传入，此处代称佛教。

长沙：智顗早年在长沙果愿寺出家。

定光：青州僧定光久居天台山，在智顗到天台前就预告"有大善知识当来相就"，智顗到天台后，定光告诉他：到国家清明，天下统一时，当有贵人为禅师立寺，堂宇满山。

降魔：智顗在华顶忍受大风、雷霆、螭魅及其亡没二亲等考验，不动如山，诸幻便灭。

胡僧：指西天来浙东的僧人如白道猷等，他们开辟了佛教传播之路。

圣贤：此指智顗。

秘旨：智顗绝笔信中请杨广建造天台山寺，有"寺若成，国即清"之言。

赎得联：智顗《与临海镇将解拔国述放生池》书，要求在始丰溪到灵江禁止捕鱼，被称为世界上最大的放生池。

临江浒：来到长江水滨，指杨广任扬州总管。

金城：开皇十一年（591）十一月二十三日，杨广于扬州总管金城设千僧会请智顗授菩萨戒，智顗授杨广法名为总持，杨广奉智顗为智者。

渚宫：本为春秋楚国行宫，在江陵境内，此代称智顗故乡，智顗于扬州僧会后即溯江西上，又上渚宫乡壤，以答生地之恩。道俗相携，戒场讲座，众将及万。

徐柳：智顗《净名疏》中说，河东柳顾言、东海徐仪才华出众，通解文义。

象魏：宫殿前的阙，此代称宫殿。

初志：最初的志愿。

逡巡：徘徊不前的样子。

韬秘：隐藏不露。

左溪：释玄朗号左溪，天台宗第八祖，荆溪之师。

二威：指天台宗第六祖智威、第七祖慧威。

灌顶：临海章安人，侍奉智顗多年，记录其解读佛经的言论，后来成为天台宗的主要文本。后又整理其事迹，编辑智顗与陈、隋两朝皇帝、大臣、皇后等来往书信，命名为《国清百录》，此书成为研究智顗生平及其思想、行踪的重要资料。

思文龙树：智顗奉天竺龙树为天台宗始祖，慧思、慧文为二祖、三祖。

荆溪：释湛然，中兴天台宗，为天台宗第九祖。晋陵荆溪人，故称荆溪大师。

华顶拜经台

说
明

颜真卿（709—784），字清臣，京兆（今陕西长安）人。开元二十二年（734）进士，历任校书郎、平原太守、刑部尚书，封鲁郡公，世称颜鲁公，为叛军李希烈所害。颜真卿是唐朝大书法家，他忠诚于国家，抗击安史叛军，保护大片国土免遭叛军蹂躏，赢得朝野尊重。他又虔信佛教，像此诗这样写下长篇像赞的，可谓绝无仅有。诗中对智者大师的生平及其在佛教上的修诣和开拓创新，做了高度评价。

送惠法师游天台因怀智大师故居

〔唐〕刘长卿

翠屏瀑水知何在？鸟道啼猿过几重？
落日独摇金策去，深山谁向石桥逢？
定攀岩下丛生桂，欲买云中若个峰？
忆想东林禅诵处，寂寥惟听旧时钟。

方广溪涧

注

翠屏：翠屏岩，在天台县东二十五里，《游天台山赋》有
"搏壁立之翠屏"。

金策：禅杖。

若个：哪个。

东林：庐山东林寺，智颛驻锡处。

说明

此诗为惠法师游天台送行所写，并怀念智者大师故居，
题目虽为送别，却是想象对方游览天台的情景。全诗以一连
串的问句想象惠法师游天台的去向和踪迹，串联其沿途所见
的天台山名胜如青山、瀑布、石桥、岩桂，以东林寂寞的晚钟
作为反衬，构成深山幽寂的意境。末联表达了对智者大师深
深的怀念。

夜宴洛阳程九主簿宅送杨三山人往天台寻智者禅师隐居

〔唐〕刘长卿

东林问逋客,何处栖幽偏。

满腹万余卷,息机三十年。

志图良已久,鬓发空苍然。

调啸寄疏旷,形骸如弃捐。

本家关西族,别业嵩阳田。

云卧能独往,山栖幸周旋。

垂竿不在鱼,卖药不为钱。

藜杖闲倚壁,松花常醉眠。

顷辞青溪隐,来访赤县仙。

南亩自甘贱,中朝唯爱贤。

仍空世谛法,远结天台缘。

魏阙从此去,沧洲知所便。

主人琼枝秀,宠别瑶华篇。

落日扫尘榻,春风吹客船。

此行颇自适,物外谁能牵?

弄棹白蘋里,挂帆飞鸟边。

落潮见孤屿,彻底观澄涟。

雁过湖上月,猿声峰际天。

群峰趋海峤,千里黛相连。

遥倚赤城上,瞳瞳初日圆。

昔闻智公隐,此地常安禅。

千载已如梦,一灯今尚传。

云龛闭遗影,石窟无人烟。

古寺暗乔木,春崖鸣细泉。

流尘既寂寞,缅想增婵娟。

山鸟怨庭树,门人思步莲。

夷犹怀永路,怅望临清川。

渔人来梦里,沙鸥飞眼前。

独游岂易惬,群动多相缠。

羡尔五湖夜,往来闲扣舷。

法华晨光

注

息机：熄灭机心，归于纯净。

关西：指函谷关以西之地，主要是今陕西、甘肃两省。

嵩阳：嵩山之阳（山南）。

沧洲：隐士隐居之处。

扫尘榻：放下榻，掸拭灰尘，以供客人坐卧。

夷犹：联绵词，犹如犹豫。

说
明

　　此诗是刘长卿在洛阳程九主簿家里为往游天台山的杨三山人送行之作，属五言排律，属对精严，押韵合辙，充分体现了"五言长城"的功力。诗中所述及杨三山人前往天台山的方式是乘船，走水路，虽属遥测悬拟（遥远地想象、推测、假定），但应与事实相去不远，可以看作当时从东都洛阳到浙东的通行路线信息和常识。

酬包评事壁画山水见寄

〔唐〕皇甫冉

一官知所傲，本意在云泉。
濡翰生新兴，群峰忽眼前。
黛中分远近，笔下起风烟。
岩翠深樵路，湖光出钓船。
寒侵赤城顶，日照武陵川。
若览名山志，仍闻招隐篇。
遂令江海客，惆怅忆闲田。

注

评事：大理寺属吏，掌管出差、推核（审核案件），从八品下。

武陵：晋陶渊明《桃花源记》载武陵人入桃花源遇避秦人事，后遂以之为世外人间的代称。武陵在今湖南常德。

"赤城霞"摩崖石刻

说
明
———

皇甫冉（718—约770），字茂政，润州丹阳（今江苏丹阳）人。天宝十五载（756）进士，授无锡尉，官至右补阙。诗人在收到友人包评事为其壁画山水所作的诗时，也要以天台山赤城的景色来比喻，由此可见天台山在唐朝文化界的地位与影响。

游天台上方

〔唐〕姚合

晓上上方高处立，路人羡我此时身。
白云向我头上过，我更羡他云路人。

注　　　上方：住持所居处，此处代称佛寺。

说　　　诗人曾任杭州刺史，其游天台大概在此时。清早登临佛
明　　寺高处，四处观景，山上云雾缥缈，似乎从诗人头上飞过，而
　　　　山道弯弯，云雾深处，人物俱隐，引起诗人无限的遐思。

法华秋色

寄云际寺敬上人

〔唐〕许浑

万山秋雨水萦回，红叶多从紫阁来。
云冷竹斋禅衲薄，已应飞锡过天台。

注

禅衲：僧衣。

飞锡：代称和尚云游。

说
明

此诗与上一篇皇甫冉诗相似之处在于书写山水时，喜欢
以天台山景物作为典故，加以形容描绘。

苍山石浪樱花

送道士入天台

〔唐〕薛曜

洛阳陌上多离别,蓬莱山下足波潮。
碧海桑田何处在,笙歌一听一遥遥。

隋梅

注

洛阳：为大唐东都，代指京城。

蓬莱：道教传说中的仙山，代称道教名山，此指天
台山。

**说
明**

薛曜，字异华，生卒年不详，蒲州汾阴（今山西万荣
县）人。薛元超之子，武后万岁登封元年（696）擢礼部
郎中，圣历中依附张易之，参与编修《三教珠英》。原有文
集二十卷，已佚。

此诗是薛曜于洛阳送别司马承祯时所作，在写景中寓
以深致别意，余韵绵长。

送僧归天台

〔唐〕贾岛

辞秦经越过,归寺海西峰。
石涧双流水,山门九里松。
曾闻清禁漏,却听赤城钟。
妙宇研磨讲,应齐智者踪。

归天台

注

秦:指原秦国之地,以关中为核心的"三秦",今陕西。

越:指原越国之地,以越州为中心的"两浙",此特指浙东。

石涧句:国清寺前有左右两条山涧合流,成"双涧回澜",为天台山大八景之一。

山门句:国清寺山门前昔日为长达十里的松荫道。

妙宇:指精致美观的寺院。

说
明

贾岛虽未到达台州,而此诗写天台山国清寺的情景如在目前,至少可以说明当时天台山国清寺在诗界的影响。尾联是唐朝诗人追踪智者大师的典型诗句。

花木深处

赠天台僧

〔唐〕许棠

赤城霞外寺，不忘旧登年。
石上吟分海，楼中语近天。
重游空有梦，再隐定无缘。
独夜休行道，星辰静照禅。

九遮胜处

九龙叠嶂

注

石上句：诗人坐在石上吟诗，眺望东海。

楼中句：突出山之高耸入云，说话"恐惊天上人"之意。

说
明

许棠（822—？），字文化，宣州泾县（今安徽泾县）人。咸通十二年（871）中进士，年已五十，为泾县尉，后任江宁丞，旋归居老家陵阳。棠工诗，与张乔、郑谷等齐名，合称"咸通十哲"。此诗为送别之作，既赞美了天台山的清峻拔俗、高耸入云，又寄寓了诗人对友人天台僧的祝福与修炼有成的期望。

题慈恩寺元遂上人院

〔唐〕许棠

竹槛匝回廊，城中似外方。
月云开作片，枝鸟立成行。
径接河源润，庭容塔影凉。
天台频去说，谁占最高房。

长安大雁塔

秋高木叶深

注 　　慈恩寺：在今西安南,原名无漏寺,贞观二十一年（647）
太子李治为纪念其母文德皇后改建为大慈恩寺,因一雁离群
坠地而死,众僧以雁即菩萨,因葬雁建塔纪念,即今大雁塔。
　　匝：周遭围绕。
　　天台句：频频宣讲天台宗教义。

说
明
　　此诗是为元邃上人而题,描写的景物皆属长安所有,
而尾联所描述的上人频频宣讲天台宗教义的场景,为旁观当
时佛教界中天台宗的传播提供了很有意思的例证。

送僧归国清寺

〔唐〕杜荀鹤

吟送越僧归海涯，僧行浑不觉程赊。
路沿山脚潮痕出，睡倚松根日色斜。
撼锡度岗猿抱树，挈瓶盛浪鹭翘沙。
到参禅后知无事，看引秋泉灌藕花。

双涧回澜

注　程赊：路途遥远。

撼锡：等于说"振锡"，指僧人手里提着锡杖。

说明　杜荀鹤（846—904），字彦之，号九华山人。大顺二年（891）进士，池州石埭（今安徽石台）人。此诗为送别僧人回归天台山国清寺之作，遥测悬拟，想象情景，是唐朝此类诗歌的典型。

桐柏古道

丹丘迥耸与云齐

〔唐〕寒山

丹丘迥耸与云齐,空里五峰遥望低。
雁塔高排出青嶂,禅林古殿入虹霓。
风摇松叶赤城秀,雾吐中岩仙路迷。
碧落千山万仞现,藤萝相接次连溪。

隋塔

注

——

丹丘：代称天台山。

迥耸：高耸。

雁塔：此处代称国清寺前隋塔。

虹：此处借为"红"，与出句"青"对仗（颜色对）。

说
明

——

　　寒山诗作多通俗明白如话，此诗却是典雅的七律，对仗工整，色彩清丽，比喻妥帖形象，诗中以长安慈恩寺雁塔来比国清寺隋塔，或于无意间透露了他的身世与长安有关。

忆得二十年

〔唐〕寒山

忆得二十年,徐步国清归。
国清寺中人,尽道寒山痴。
痴人何用疑,疑不解寻思。
我尚自不识,是伊争得知?
低头不用问,问得复何为?
有人来骂我,分明了了知。
虽然不应对,却是得便宜。

注

解:能够。

伊:第三人称,等于说"他"。

说
明

此诗是寒山交代自己隐居天台山及与国清寺紧密关系
的诗作,又是表明他处世为人态度的一首作品,可与"寒山问
拾得"等参看,来寻觅作者的深意。

国清寺

叁

觅
奇
观

●天台

石梁雪瀑

小引　石梁飞瀑

　　石梁是地质演化的奇观，是天台山上最有知名度的诗路胜景，李白诗"石梁横青天，侧足履半月"，就是形容它的稀罕而危险。石梁在天台县北五十里，是佛家传说中五百应真（罗汉）之境。"石梁飞瀑"是天台山大八景之一。它的上下有三座方广寺，分别为上、中、下，现存两座，石梁桥头是中方广寺，石梁下方是下方广寺。石梁架于两崖间，龙形龟背，广不盈尺，它的上游由两条山涧合流，在中方广寺侧形成更大的水流，往下泄为瀑布，飞流直下深潭之中，气势如雷霆万钧，雨雾弥漫，令人惊叹不已。潭下流过仙筏桥，向北流出剡中，就是剡溪的源头之一。石梁狭窄陡峻，且多水雾滋润，长满莓苔，很是湿滑，下临深涧，以前从石梁上经过的人，往往目眩心悸，魂飞魄散，坠落深潭而亡。天竺僧白道猷要度过石梁访求仙药仙物，置生死于度外，才安然走过，在当时成为令人惊叹的奇迹。孙绰《游天台山赋》所谓"践莓苔之滑石，搏壁立之翠屏"，就是描写度过石梁的危险。以前中方广寺有一座铜亭置于石梁对面桥头，寺中小和尚要轮流每日早晨从石梁上渡过，献上贡品于亭前，这是很危险的"项目"，又是训练小和尚胆量和身手的考试科目。现在看来，这些安然回来的小和尚，都是忘怀生死之辈，他们战胜惊悸，练就了超越凡人的本事。

　　前唐写石梁的作品以隋朝李巨仁的《登台山篇》为翘

方广清景

楚，有"云开金阙迥，雾暗石梁遥。翠微横鸟道，珠涧入星桥"之句，写得十分精彩。唐朝诗人更是踵事增华，名篇佳作层出不穷，琳琅满目，多有警句，令人应接不暇。李白《送王屋山人魏万还王屋》诗已见本节开头，就够奇思妙想，远超流俗。孟浩然《寻天台山》有"高高翠微里，遥见石梁横"。其他著名诗人如中唐诗人顾况，其《临海所居》之二有"不知叠嶂重霞里，更有何人度石桥"；武元衡《送吴侍御司马赴台州》有"余有灵山梦，前君到石桥"；刘禹锡《送元简上人适越》有"更入天台石桥去，垂珠璀璨拂三衣"；施肩吾《送端上人游天台》有"溪过石桥为险处，路逢毛褐是真人"；朱庆馀《送元处士游天台》有"若过石桥看瀑布，不妨高处便题名"；李频《越中行》有"天台闻不远，终到石桥行"；李郢的《重游天台》，"南国天台山水奇，石桥危险古来知。龙潭直下一百丈，谁见生公独坐时"，更是写石梁十分生动，令人印象深刻的诗作。

由于石梁飞瀑奇景举世无双，笔墨难描，近代诗人徐道政《游方广石梁》说"此是天台第一景，不知庐瀑复如何"，将石梁飞瀑誉为天台第一奇景，可与李白笔下"飞流直下三千尺"的庐山香炉峰瀑布媲美了，让人顿生向往之情。

寻天台山作

〔唐〕孟浩然

吾友太一子,餐霞卧赤城。
欲寻华顶去,不惮恶溪名。
歇马凭云宿,扬帆截海行。
高高翠微里,遥见石梁横。

注

餐霞:餐食云霞。指修仙学道,不食人间烟火。

惮:害怕。

恶溪:指始丰溪流到临海百步,有两处流水险恶的急滩,舟行到此易倾覆,分别叫大恶滩、小恶滩,从宋朝开始,台州刺史、临海县令及社会贤达明朝蔡潮出资除险,终于"舟无旧患,滩著新名。我心长在,万古安宁"(蔡潮题铭),改名为大善滩。

截海:渡海。

翠微:苍翠掩映的山色。

说明

开元十四年(726),孟浩然从洛阳专程漫游到浙东,其目的是"山水寻吴越,风尘厌洛京",沿曹娥江、剡溪溯流而上至天台访友游山。此诗为孟浩然游天台山时所作,表达了自己为寻求这座仰慕已久的名山,不怕任何困难的坚毅决心,该诗赞颂了诗人心目中天台山上胜景石梁飞瀑的雄伟壮观,是浙东唐诗之路诗歌中的名作。

石梁奇观

石梁金溪

送王屋山人魏万还王屋（节选）

〔唐〕李白

灵溪恣沿越，华顶殊超忽。
石梁横青天，侧足履半月。

注

灵溪：在天台县西北十五里，晋孙绰《游天台山赋》中"过灵溪而一跃，疏烦想于心胸"，就是这条山溪。

恣：尽情。

沿越：沿着灵溪上下或者渡过灵溪。

侧足：形容石梁逼仄，只得侧足一点点地度过。

说明

魏万追踪寻觅李白，从家乡嵩山（在今河南登封）出发，听说李白在哪里他就追到哪里，追到浙东，觉得山水奇秀，就乘兴游览越州、台州，一直到处州、婺州。

送杨山人归天台（节选）

〔唐〕李白

兴引登山屐，情催泛海船。
石桥如可度，携手弄云烟。

奇松

注

登山屐：指谢灵运发明的专用于登山之鞋,上山时去掉鞋底前齿,下山则去掉后齿。被称为"谢公屐"。

泛海船：用典,谢安与王羲之、孙绰等人乘船泛海戏,遇到风浪转大,众人惊慌不已,谢安则神情如常。一会风浪更大,众人更加呼喊要回去,谢安说："要是像你们这样乱来的话,我们整船人都将死于海上。"大家一听就不敢再嚷嚷,回来以后,大家都觉得,谢安的胆魄足以镇安朝野。

说明

此诗是引用东晋王谢诸人在会稽的风流故事,鼓励杨山人回归天台山上,追求自己向往的逍遥山水,自由自在地生活。并希望杨山人在山上坚持修炼,将来自己如得便来到天台山,还可结伴修行。

题石桥

〔唐〕韦应物

远学临海峤，横此莓苔石。
郡斋三四峰，如有灵仙迹。
方愁暮云滑，始照寒池碧。
自与幽人期，逍遥竟朝夕。

前度又来

注

　　临海峤：最早出现在山水诗鼻祖谢灵运诗《登临海峤初发疆中作与弟惠连可见羊何共和之》中，具体所在有不同说法。清人戚学标以为谢灵运此诗写的是自永嘉（今温州）境内即将到临海郡处，两郡交界不远处有一峤岭，即临海峤，后名温峤，又名温岭。

　　莓苔石：指石梁，因梁上长满苔藓，湿滑，渡过石梁很危险。

　　幽人：隐居者。

　　期：约会。

**说
明**

　　韦应物（约737—791），字义博，京兆万年（今陕西西安）人，盛唐著名诗人，曾任滁州、苏州刺史，世称韦苏州，与王维、孟浩然、柳宗元合称"王孟韦柳"。这是韦应物以天台山石梁为模型，拟写其郡斋风景之作，反映了天台山风物在当时文人心目中的巨大影响力。

寄天台秀师

〔唐〕司空曙

天台瀑布寺,传有白头师。
幻迹示赢病,空门无住持。
雪晴看鹤去,海夜与龙期。
永愿亲瓶屦,呈功得问疑。

古方广寺

罗汉闻香

注　　　师：对和尚的尊称。

瀑布寺：天台山原有两大瀑布，一是石梁瀑布，另一是桐
柏瀑布，石梁飞瀑附近有方广寺，此处是指石梁及其寺院。

屦：古代称鞋。

呈功：呈献自己的功课。

说
明　　　司空曙（720？—790？），字文明，一作文初，洺州（今
河北邯郸）人。大历初进士，累官左拾遗，与卢纶、独孤及、
钱起等相唱和，为大历十才子之一。此诗是对天台秀师的高
超佛学造诣表达敬意，对他经历疾病痛苦仍坚持修行表示赞
赏，并表达了愿意追随秀师学佛的心情。

送少微上人游天台

〔唐〕刘长卿

石桥人不到,独往更迢迢。
乞食山家少,寻钟野路遥。
松门风自扫,瀑布雪难消。
秋夜闻清梵,余音逐海潮。

注

少微上人：对少微和尚的尊称。

清梵：和尚做课诵的声音。

说
明

　　少微和尚是屡见于唐诗中的知名僧人,来自京城,往游
浙东天台国清寺,时在乙卯（大历十年,775）,以给事中赵涓
赋诗送别,卿大夫以下属和者二十七章,刘诗也是其中之一。
独孤及为之作《送少微上人之天台国清寺序》,以记录此事。
诗意谓少微上人此番孤身到天台山国清寺游方,沿途会遇到
不少困难,但天台山有各种美景,国清寺有得道高僧,必将大
有收益。

修行之门

临海所居（其二）

〔唐〕顾况

此去临溪不是遥，楼中望见赤城标。
不知叠嶂重霞里，更有何人度石桥？

赤城霞色

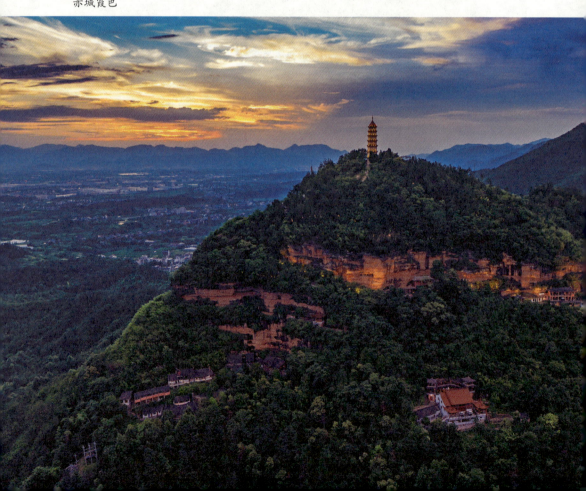

注

赤城标：赤城向来被看成天台山的南门，标是标志之意。此处指天台山的门户、标志。语出孙绰《游天台山赋》："赤城霞起而建标。"

叠嶂：层层叠叠的山峦。

说明

顾况（约730—806后），字逋翁，号华阳真逸，苏州海盐（今浙江海盐）人，中唐著名诗人。至德二载（757）进士，历任著作佐郎、饶州司户参军等，后隐于茅山而终。在任韩滉幕府判官时到达台州为临海新亭监。顾况从临海居住处遥望天台山，想象在天台山上烟霞笼罩、重峦叠嶂的氛围中，是否有人在山中探索修炼求仙成佛，渡过石桥？诗歌表达了对天台山的深深向往。

送元简上人适越

〔唐〕刘禹锡

孤云出岫本无依，胜境名山即是归。
久向吴门游好寺，还思越水洗尘机。
浙江涛惊狮子吼，稽岭峰疑灵鹫飞。
更入天台石桥去，垂珠璀璨拂三衣。

真觉讲寺

注

适越：到越地去。浙东是越国的基本地盘，以会稽（今绍兴）为政治中心，唐于此设越州，浙东观察使署即设于越州。

岫：山。

吴门：本是吴国阊门的简称，后以代称苏州。

尘机：俗世的心计。

灵鹫：山名，在印度，因如来在此讲说《法华经》等，成为佛教圣地，简称灵山或灵鹫。此处指越州龟山，又名飞来山。

三衣：指僧尼所着袈裟，由许多长方形布片拼缀而成。

说明

刘禹锡（772—842），字梦得，洛阳人。贞元九年（793）进士。因参与王叔文革新集团，与柳宗元等同被贬谪，先贬连州刺史再贬朗州司马，受裴度推荐，任太子宾客，世称刘宾客。此诗为送别元简上人游浙东之作。元简上人在吴门修行多年，要来浙东洗尘机，即游方挂单，不畏路途遥远和江湖风波险恶，目的地是"更入天台石桥去"。这也是一首表明当时僧众流向的诗歌。

送霄韵上人游天台

〔唐〕刘禹锡

曲江僧向松江见,又到天台看石桥。
鹤恋故巢云恋岫,比君犹自不逍遥。

寒山人家

琪树（《新楼诗二十首》之十七）

〔唐〕李绅

　　琪树垂条如弱柳，结子如碧珠。三年子可一熟。每岁生者相续，一年绿，二年碧，三年者红。缀于条上，璀错相间。

石桥峰上栖玄鹤，碧阙岩边荫羽人。

冰叶万条垂碧实，玉珠千日保青春。

月中泣露应同沍，涧底侵云尚有尘。

徒使茯苓成琥珀，不为松老化龙鳞。

注　　琪树：古代诗文中常见树木，后来渐渐获得仙树的光环。天台山的琪树，始见于孙绰《游天台山赋》的"琪树璀璨以垂珠"。李绅此诗前小序及诗中"冰叶""玉珠"一联，对琪树形状、结子颜色、成熟时间等有具体描写，为读者按图索骥提供了重要参考。

　　茯苓：多孔菌科真菌，常寄生于腐朽松树根上，可做中药。有渗湿利水、益脾和胃、宁心安神等功用。道士认为常服有助于修炼成仙。

　　琥珀：松柏等树的树脂的化石，呈淡黄色、褐色或赤褐色的半透明固体，光泽美丽，质脆，燃烧时有香气。古代有松脂入地千年而成琥珀之说，又有松脂入地千年为茯苓，万年为琥珀之说。

天台奇石

说
明

　　李绅（772—846），字公垂，润州无锡（今江苏无锡）人。元和元年（806）进士，召为翰林学士，与李德裕、元稹同在禁署，时称"三俊"。中唐时期著名诗人，参与元稹、白居易的新乐府运动，其诗以《悯农二首》（"春种一粒粟""锄禾日当午"）最为知名。李绅青年时期曾在剡中隐居读书，入仕后又曾担任浙东观察使。此诗即他游天台山后写下的，为浙东唐诗之路风物的研究提供了极为重要的参考资料。

龙宫寺（《新楼诗二十首》之七）

〔唐〕李绅

　　此寺摧毁积岁。贞元十六年，余为布衣，东游天台。故人江西观察使崔公以殿中谪官，移疾剡溪。崔公坐中有僧人修真，自言居龙宫寺，起谓余言："异日必当镇此，为修此寺。"时以狂易之言，不之应。僧相视久之而退。至元和二年，余以前进士为故薛革常侍招至越中，此僧已卧疾，使门人相告："曩日所言'必当镇此'，修寺之托，幸不见忘。"僧又偶言寺中灵祇所相告耳。余问疾而已，不能对。及后符其言而讯其存殁，则僧及门人悉已徂谢。寺更颓毁，惟荒基余像而已。因召僧人会真，余出俸钱为葺之，累月而毕，以成其往愿。

银地溪边遇衲师，笑将花宇指潜知。
定观玄度生前事，不道灵山别后期。
真相有无因色界，化城兴灭在莲基。
好令沧海龙宫子，长护金人旧浴池。

注　银地：佛教称菩萨所居以琉璃铺地，故称银地，借指佛寺。

衲师：和尚。

花宇：指龙宫寺。

潜知：指修真和尚预知将来之事。

玄度：晋人许询，字玄度。

色界：佛教宇宙观三界之一。色界是具有形状容貌，但无感官欲望的存在状态。

化城：一时幻化的城郭，佛教用以比喻小乘境界，源出《妙法莲华经》，这里比喻佛法。

莲基：莲花基座，即莲花台。此处喻指龙宫寺残存的寺基。

金人：佛像。

旧浴池：源于释迦佛出生时有九龙吐水为佛沐浴的典故。

高明·幽溪

说
明　　李绅少年时在龙藏寺肄业。龙藏寺始建于南朝梁天监二年（503），本名龙宫院。据史料记载，寺院屡建屡废，但因李绅此诗，寺名流传至今。李绅将诗序中所记的奇遇详细记录下来，虽是出于怀旧情绪，但诗末一语双关，祝愿东海龙王神力保护浙东龙宫名寺。

送端上人游天台

〔唐〕施肩吾

师今欲向天台去，来说天台意最真。
溪过石桥为险处，路逢毛褐是真人。
云边望字钟声远，雪里寻僧脚迹新。
只可且论经夏别，莫教琪树两回春。

注

毛褐：指披着兽皮或粗麻之类近似野人的衣服者。也是对这些隐逸人士生活艰苦、潜心修行的写照。

真人：对方外寻求"真理"之人的尊称。

行脚

说
明

施肩吾，生卒年不详，字东斋，号栖真子，唐睦州分水（治
今桐庐分水镇）人。宪宗元和十五年（820）进士，后被钦点
为状元，也是杭州地区第一位状元。他在浙东徜徉山水，多有
诗作，留下观感。

送虚上人游天台

〔唐〕朱庆馀

青冥通去路，谁见独随缘。
此地春前别，何山夜后禅？
石桥隐深树，朱阙见晴天。
好是修行处，师当住几年。

注　　青冥：苍穹。

夜后禅：禅指坐禅，入夜后参禅。

朱阙：原意是宫殿前红色的双柱，此指天台山上在阳光
映射下披上明亮色彩的像阙的山峰。

琼台双阙

说
明

　　朱庆馀,生卒年不详,名可久,以字行,越州(今浙江绍兴)
人,宝历二年(826)进士。官至秘书省校书郎。其诗辞意清
新,描写细致,为张籍所赏识。《宫中词》《近试上张水部》等,
托意抒情,尤见特色。《新唐书》记其有《朱庆馀诗集》一卷。
此诗描写在春意盎然之际,诗人送虚上人游天台山,天台山
上有绝世美景与修炼佳所,诗末祝愿虚上人虔诚于佛,安心
栖上天台。

送元处士游天台

〔唐〕朱庆馀

青冥路口绝人行，独与僧期上赤城。
树列烟岚春更好，溪藏冰雪夜偏明。
空山雉雊禾苗短，野馆风来竹气清。
若过石桥看瀑布，不妨高处便题名。

注

处士：没有入仕（做官）之人。

雉雊：雉鸡的叫声。

说
明

作者送元处士往游天台山，想象他在天台山与和尚交
游，到山上各处寺院游观，遍赏春天的天台山的神秀山水。作
者还亲切地对元处士说，如果你到达石梁飞瀑，观其胜景，可
别忘记在高处题名留念啊！其向往之情，蕴含其中。

万年寺

送道友入天台山作

〔唐〕马戴

却忆天台去，移居海岛空。
观寒琪树碧，雪浅石桥通。
漱齿飞泉外，餐霞早境中。
终期赤城里，披氅与君同。

注

　　道友：修道的友人。

　　琪树：天台山上有琪树，孙绰《游天台山赋》："建木灭
景于千寻，琪树璀璨而垂珠。"

　　终期：最终的期待。

　　披氅：披上氅裘。此处的氅指修道者的装束。

**说
明**

　　马戴（？—约869），字虞臣。武宗会昌四年（844）进士。
宣宗大中初为太原幕府掌书记，官终国子博士。与贾岛、姚合
为诗友。有诗集传世。此诗为送别友人远赴天台山修道所作，
诗中蕴含着自己要摆脱尘网的羁绊，到天台山中与道友一起
修炼的向往。

越中行

〔唐〕李频

越国临沧海,芳洲复暮晴。
湖通诸浦白,日隐乱峰明。
野宿多无定,闲游免有情。
天台闻不远,终到石桥行。

注　　　越国:原指春秋战国时期的越国,此处用古名指属越州
观察使管辖范围的浙东。

说　　　李频(?—876),字德新,睦州寿昌(今建德)人。从小
明　嗜学,尤长于诗。宣宗大中八年(854)进士,官至建州刺史,
有《建州刺史集》一卷。此诗尾联表达自己的终极目标是到
天台山(以石梁为代称)上,实现自己的凤愿。

智者塔院

送台州唐兴陈明府

〔唐〕李频

见说海西隅，山川与俗殊。
宦游如不到，仙分即应无。
瀑布当公署，天台是县图。
遥知为吏去，有术字茕孤。

注

唐兴：天台县原名始丰，安史之乱后改名唐兴。

明府：对县令的尊称。

字茕孤：扶养贫困之民。字指养育，此指帮助。茕孤指
孤独者，代称无依无靠的下层人民。

说
明

这是送唐兴县令陈某上任之诗。诗人描述唐兴境内山川秀丽，多仙佛窟宅，大瀑布就是县景的象征。末联祝愿陈明府能够体恤下民，治县有方。

桐柏云瀑

重游天台

〔唐〕李郢

南国天台山水奇，石桥危险古来知。
龙潭直下一百丈，谁见生公独坐时。

注

龙潭：指石梁飞瀑下面的深水潭，从石梁上俯瞰令人心悸不已。

生公：对晋末高僧竺道生的尊称。竺道生（355—434），南朝宋僧，巨鹿（今河北巨鹿）人，寓居彭城（今江苏徐州）。俗姓魏，幼从竺法汰出家，随师姓竺。后游长安，从鸠摩罗什受业关中，罗什门下有"四圣""十哲"，道生都预其列。主张"顿悟成佛""一阐提人皆得成佛"等。传说曾聚石为徒，讲《涅槃经》，石为之点头，故有"生公说法，顽石点头"之谚。著述甚多，有《维摩诘经》《妙法莲华经》诸经义疏等，多已佚失，今存《法华经疏》。

说明

李郢（？—约869），字楚望，长安（今陕西西安）人。初居杭州，以山水琴书自娱。宣宗大中十年（856）进士。累辟淮南、浙东从事。懿宗咸通末，官至侍御史。工诗，七律尤清丽可喜，为时人所称。有集。这是赞颂天台山的一首七绝佳构，紧紧抓住天台山最吸引游客的景观，描绘出天台山的独特风光与宗教信仰情况，令人过目不忘。

龙潭直下一百丈

登天台

天台独夜

〔唐〕徐凝

银地秋月色,石梁夜溪声。
谁知屐齿尽,为破苍苔行。

注　　　银地:天台银地岭,是石梁附近地名,由银地岭一条溪水
与金地岭一条溪水,汇合于石梁,流向剡中,是剡溪源头。

说　　　徐凝,生卒年不详,睦州(今浙江建德)人。工诗,宪宗
明　　元和中即有诗名,方干曾师从其学诗。穆宗长庆中,赴杭州取
解,大得刺史白居易赏识。后尝至京洛,竟无所成。归隐故乡,
优游而终,人呼为徐山人。有诗集。此诗是唐诗中很独特的
夜游石梁之作,填补了天台山石梁夜游诗的空白。

寄天台叶尊师

〔唐〕王贞白

师住天台久,长闻过石桥。
晴峰见沧海,深洞彻丹霄。
采药霞衣湿,煎芝古鼎焦。
念予无俗骨,频与鹤书招。

注

尊师:对道士的尊称。

古鼎:指道士煎药用的锅。

鹤书:中国古代一种书体,因形状仿佛鹤头,也叫鹤头书。一般用于招贤纳士的诏书。

说明

王贞白,生卒年不详,字有道,唐信州永丰(今江西广丰)人。昭宗乾宁二年(895)进士,授校书郎。后因乱世,贞白即退居著书。有诗名,其诗清润典雅,尝与罗隐、方干、贯休等唱和。有《灵溪集》,惜已佚。其名句"一寸光阴一寸金",至今广为流传。此诗赞美叶尊师隐居天台山上诚心修道,坚志不回合药炼丹,诗人心里引为同调,表达了敬佩向往之情。

浮光跃金

送董卿赴台州

〔唐〕张蠙

九陌除书出，寻僧问海城。
家从中路挈，吏隔数州迎。
夜蚌侵灯影，春禽杂橹声。
开图见异迹，思上石桥行。

注

九陌：汉长安城中的九条大道，后来用于代称京城。
海城：海边的城市，此指台州。
挈：带领。

说明

　　张蠙,生卒年不详,字象文,池州（今属安徽）人。昭宗乾宁二年（895）进士,授校书郎,工诗。幼时就有"白日地中出,黄河天上来"之句,为世所称,胡应麟评为"唐诗之壮浑者终于此"。咸通时,与张乔、许棠、喻坦之、郑谷等合称为"咸通十哲"。此诗写送别董卿赴任台州,诗人虽身在京城,其心已经飞向石梁,也说明唐末天台山仍然具有重大影响力。

古桥

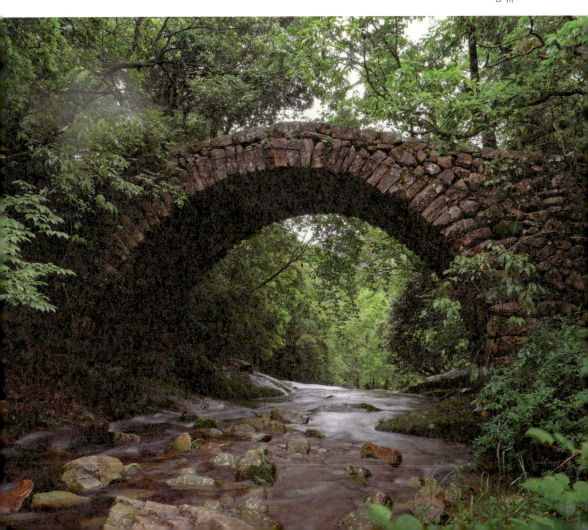

我闻天台山

〔唐〕寒山

我闻天台山，山中有琪树。
永言欲攀之，莫晓石桥路。
缘此生悲叹，幸居将已慕。
今日观镜中，飒飒鬓垂素。

注　　飒飒：形容衰老的样子。

释签（唐代·摩崖石刻）

说明

寒山好吟词偈，状类疯狂，多以白话写作，题于岩石、墙壁、树皮之上，后人编为《寒山集》。此诗赞颂天台山之美好，而感叹韶华易逝。

画松

〔唐〕释景云

画松一似真松树，且待寻思记得无。
曾在天台山上见，石桥南畔第三株。

　　　释景云，善草书，与岑参同时代。存世诗三首。此诗描写
天台山上松树之苍劲有力，以此赞美画家所画之松的超凡脱
俗，是一首深得诗意蕴藉含蓄之旨，又明白洗练的佳作。

华顶雾凇

仙山缥缈

送邢台州济

〔唐〕释皎然

海上仙山属使君,石桥琪树古来闻。
他时画出白团扇,乞取天台一片云。

注　　　　海上仙山:本指道教神话中的三座仙山,此暗用孙绰《游
天台山赋》序"涉海则有方丈、蓬莱,登陆则有四明、天台"
之语,指天台山。

　　　　他时联:若有画工画出名山,能否送我天台山的一片云
彩啊?"画出白团扇"语出《郡国志》:"天姥山与括苍山相连,
石壁上有刊字,蝌蚪形,高不可识。春月,樵者闻箫鼓笳吹之
声聒耳。元嘉中,遣名画写状于团扇,即此山也。"此处借用
为表达台州山水奇特。

说　　　　释皎然(约720—约795),俗姓谢,字清昼,湖州长城(今
明　　长兴)人,唐代著名诗僧,自称是谢灵运的十世孙。幼入道,
肄业湖州杼山,与陆羽同止于妙喜寺,为莫逆之交。颜真卿为
刺史时,集文士撰《韵海镜源》,皎然参与论著,至是声价藉
甚。"大历十才子"之一的李端是他的门生。文章隽丽,当时
号为释门伟器。贞元中卒。有《诗式》及诗集。此诗是描写
天台山风光之美的佳作,选取角度独特,形象生动,笔触清新
飘逸,令人喜爱不已。

奉和大德《思天台》次韵

〔唐〕李达

金地炉峰秀气浓，近离双涧忆青松。
鄼泉拄锡净心相，远传法教现真容。

金地岭

注

奉和：根据别人的意旨作和诗。

大德：对有名望的和尚的尊称，此指从台州求法回到日本的圆珍法师。

次韵：根据别人的诗韵脚先后次第作诗。

金地：金地岭的简称，是从石梁飞瀑下来的山溪。

控锡：手持锡杖，指和尚持在手里的法器。

说明

李达，生卒年不详，字处芳，赵郡人，与圆珍为友，是跟随圆珍一起到达日本的中国商人，亦有文采，能作诗唱和。他与日本僧人圆珍的酬唱之作，大部分已经亡佚，原来有十卷，传到现代的只有二十首光景。

方广坐禅

跪受大德珠玉不揆卑劣谨次来韵

〔唐〕詹景全

大理车回教正浓,乍离金地意思松。
沧溟要过流杯送,禅坐依然政法容。

注　　揆：衡量、揣测。

大理："大理"有二解。一指大道理。《庄子·秋水》："尔
将可与语大理。"二指古国名,指大理国(在今云南省)。唐时,
大理为佛教盛行之地,有"妙香佛国"之称。这里指佛家的
大道理,或指佛教兴盛的大理国都通。这句话意思是说,自从
圆珍把佛法从中国带回去后,日本的佛教蓬勃兴起。

**说
明**　　詹景全也是与李达一样随日僧出海到达日本的中国商
人,是有文才的儒商。当时从台州州城临海起锚,可以直达日
本。从这些保存下来的诗作中,我们得以了解当时台州与东
洋诸国通商往来和文化交流的片段。

詹景全随同圆珍等去日本,离开天台山后,就开始想念
天台山的一草一木、山山水水,在诗中表达了深浓的思乡
情绪。

瀑布千丈流

〔唐〕寒山

迥耸霄汉外，云里路岩峣。
瀑布千丈流，如铺练一条。
下有栖心窟，横安定命桥。
雄雄镇世界，天台名独超。

注

迥耸：犹高耸。

霄汉：云霄和天河，指天际、天空。

岩峣：山高峻貌。亦作岹峣。

练：白绢。

雄雄：形容威势盛大、声音洪大。

说明

　　天台山瀑布很多，最为著名的是石梁飞瀑和桐柏大瀑布两处。由于20世纪五六十年代建造桐柏水库，桐柏大瀑布消失了。直到六十年后，天台县经过整修，恢复了这一景区。大瀑布落差很高，离县城又近，身在县城就可看到。这首写桐柏大瀑布的诗可以让读者领略旧时的壮观景象。

桐柏瀑布

因话天台胜异仍送罗道士

〔唐〕方干

积翠千层一径开,遥盘山腹到琼台。
藕花飘落前岩去,桂子流从别洞来。
石上丛林碍星斗,窗边瀑布走风雷。
纵云孤鹤无留滞,定恐烟萝不放回。

注　　风雷:形容瀑布像风一样奔涌不息,水声像雷一样震耳
欲聋。

烟萝:指草树茂密,犹如烟聚萝缠,难以解脱。

琼台花径

说
明 ──

　　方干（？—约 888），字雄飞，号玄英，门人私谥"玄英先
生"，新定（今浙江建德）人。隐居镜湖，终生不仕。晚唐广明、
中和间为律诗，江南鲜出其右者。有《玄英先生诗集》传世。
此诗描写天台山形势雄险、路径崎岖，山上花木奇异、瀑布骇
人等，突出罗道士献身于道的品格，表达了对他的敬意。

送钱特卿赴职天台

〔唐〕方干

路入仙溪气象清,垂鞭树石罅中行。
雾昏不见西陵岸,风急先闻瀑布声。
山下县寮张乐送,海边津吏棹舟迎。
诗家弟子无多少,唯只于余别有情。

注

赴职:上任。

仙溪:天台山上有灵溪,孙绰《游天台山赋》:"过灵溪而一濯,疏烦想于心胸。"

罅:缝隙,此指路径狭窄,山势险峻。

西陵:在今杭州市滨江区西兴街道,是浙东唐诗之路的主要渡口,也是起点,五代吴越国王钱镠以"陵"字非吉祥,改称西兴。有西兴过塘行码头旧址。

县寮:犹县僚,县府官吏。

棹舟:棹指桨,此处用作动词,指驾船。

扁舟一叶

说明

　　此诗为方干于越州送别钱特卿赴台州上任时所作,故对
于台州风物情景描写多属遥测悬想,首联给人以清新飘逸的
印象,尾联寄托对友人的依依不舍之情。

寄题天台国清寺齐梁体

〔唐〕皮日休

十里松门国清路，饭猿台上菩提树。
怪来烟雨落晴天，元是海风吹瀑布。

七佛塔

注

饭猿：给猿猴喂饭。饭读如反，动词。

元是：原来是。

海风：大风。

说明

皮日休（834？—883？），字逸少，后改字袭美，襄阳（今湖北襄阳）人。咸通八年（867）进士，与吴中诗人陆龟蒙并称"皮陆"。此诗记录天台山国清寺山门前的夹道松林、僧人饲养猿猴及天台山大瀑布给诗人的深刻印象，写得精致简洁，生动明快。

天台瀑布

〔唐〕曹松

万仞得名云瀑布,远看如织挂天台。
休疑宝尺难量度,直恐金刀易剪裁。
喷向林梢成夏雪,倾来石上作春雷。
欲知便是银河水,堕落人间合却回。

注　　　万仞：仞是长度单位,古代以八尺为仞,万仞是形容瀑布
落差之大。

合却回：应该再回到天上。却,再。

飞珠溅玉

说明

曹松（约830—约902），字梦徵，舒州（今安徽潜山）人。昭宗天复元年（901）进士，授校书郎。多旅游之作，有《曹松诗集》传世。此诗尽情歌颂天台山大瀑布的壮观气势与各种性状，是展现诗人观察与描绘功力的佳作。

送贯微归天台

〔五代〕秀登

秋归赤城寺，幽兴难相同。

迹与片云合，心向万境空。

倾耳霜树猿，吹衣瀑布风。

后夜越溪上，梦断寒云中。

注

迹：脚印，指行踪。

万境：佛教中指一切的境界。

越溪：泛指越地的溪流。

女冠

说
明

秀登,五代时诗僧,约与齐己、小白、贯微等同时代。今存
诗三首。此诗于秋景山水的描写中,突出贯微修行的高远上
乘和诗人难以释怀的牵挂。

华顶风云

小引 华顶归云

华顶峰在天台县城东北六十里,是天台山的主峰,海拔1095.4 米。在此山的绝顶, 东望沧海, 弥漫无际, 俗称望海尖。前贤诗文谓可以在此观看海上日出。俯瞰众山, 如龙蟠虎踞之状, 又如花开层层, 这里便是花 (花同华) 之顶峰, 居高临下, 周览分明。华顶奇观不仅是海上日出, 还有一种植物"云锦杜鹃", 花开时灿若云霞。每年阳历五月六月是赏花的季节, 天台县设"云锦杜鹃节", 游客蜂拥而至, 更是摄影者难得的拍摄良辰。华顶是天台宗实际创始人智颛与道教宗师司马承祯宴坐修真、领悟真谛之处。孙绰《游天台山赋》所谓"陟降信宿, 迄乎仙都", 便是指华顶。华顶遗迹有晋葛玄丹井、王羲之墨池、隋智者大师拜经台和唐李白太白读书堂等。葛玄丹井已渐湮没, 但葛玄茶圃知名度提高。华顶峰头旧有智者大师拜经台, 台上有降魔塔, 传说是智者大师降魔处; 塔旁有庵, 可供观看东海日出, 门外原有"天台第一峰""隋智者大师拜经处"两块石碑, 现在都没有了; 下面有太白读书堂, 原为茅庵, 立有"唐李太白读书堂"碑, 堂外有两池, 一为龟池, 一为王右军墨池。现在太白读书堂系改革开放后重建, 后被划入军事禁区, 游客无法观赏, 亟须另觅地址重建, 以恢复李白在华顶留下的遗迹, 供游客参观凭吊, 发思古之幽情。王右军墨池移建于华顶宾馆东北角, 在宾馆与华顶寺之间的路旁, 有右军挥毫雕像等。其他原来还有伏虎坛、鬼叠石、白云先生室、甘泉先生居等遗迹。华顶峰下有还有华顶寺，规模颇大；智者大师的七十二茅蓬，现在复原仿造为旅舍，是很别致的旅馆。

华顶对游客来说，最大的吸引力是避暑的胜地，山下暑热正酷，山顶凉风劲吹，气温宜人。暑假来游，正是最佳时机。现在华顶文旅设施已有改善，不管是团队游、研学旅行，还是"驴友"组团游、

自驾游，都是最好的时机。到天台山之巅，步李白的游踪，读李白的诗歌，观太白读书堂，参拜华顶寺，参观拜经台、王羲之墨池，观东海日出，等等，既可成为学生研学的好课题，也是文旅开发的好选题。

华顶云锦杜鹃

寄天台道士

〔唐〕孟浩然

海上求仙客，三山望几时？
焚香宿华顶，裛露采灵芝。
屡蹑莓苔滑，将寻汗漫期。
倘因松子去，长与世人辞。

注　海上求仙：《史记·秦始皇本纪》："齐人徐市等上书，言海中有三神山，名曰蓬莱、方丈、瀛洲，仙人居之。请得斋戒，与童男女求之。于是遣徐市发童男女数千人，入海求仙人。"

三山：道教传说中，海上有三座仙山方丈、蓬莱、瀛洲，是仙人居住的地方，遍地仙物，吃了可以长生不老。

裛露：沾湿露水。

汗漫：无边无际的样子。

松子：赤松子，道教传说中长生不老的仙人，后就以之作为仙人的代称。

列缺霹雳

说
明
| 　孟浩然在天台山逗留时遍游各处名胜,多与天台山上的道士交游,此诗中所写内容即其追随道士修炼的生活情景,表达了诗人渴望超越世俗的羁绊、寻求逍遥的心情。

同友人舟行游台越作

〔唐〕李白

楚臣伤江枫,谢客拾海月。
怀沙去潇湘,挂席泛溟渤。
蹇予访前迹,独往造穷发。
古人不可攀,去若浮云没。
愿言弄倒景,从此炼真骨。
华顶窥绝溟,蓬壶望超忽。
不知青春度,但怪绿芳歇。
空持钓鳌心,从此谢魏阙。

华顶晨曦

注

楚臣：指屈原。

伤江枫：屈原《招魂》："湛湛江水兮上有枫，目极千里兮伤春心。"王逸注：湛湛江水，浸润枫木，使之茂盛。伤己不蒙君惠而身放弃，曾不若树木得其所也。

谢客：谢灵运小时被寄养于杭州道士家，故小名"客儿"。

海月：海中大蛤，形如半月。谢灵运《游赤石进帆海》诗有"扬帆采石华，挂席拾海月"，李白诗从此剪裁而出。

怀沙：屈原作《怀沙》之赋后，就抱着石头自沉于汨罗江，出自《史记》。

挂席：扬帆。

溟渤：海。

謇：句首语气词。

穷发：指遥远的北方，极北不毛之地。《庄子》："穷发之北有冥海者，天池也。"

炼真骨：修炼成长生不老之身。

愿言弄倒景：愿意到天台山去游览。"言"在此是助词。孙绰《游天台山赋》序："或倒影于重冥，或匿峰于千岭。"指天台山重峦叠嶂，山重水复，被层层包围，很难走到。此以倒影（景通影）代称天台山。

绝溟：大海。

蓬壶：蓬莱。

超忽：遥远的样子。

钓鳌：用巨大的饵料钓到巨大的鱼（鳌），是古人的浪漫想象。《庄子》："任公子为大钩巨缁，五十犗（jiè，指阉割过的牛）为饵，蹲乎会稽，投竿东海，旦旦而钓。"

魏阙：高大的皇宫门前的望楼，代称宫廷或京城。

说明

此诗格调保持诗仙一贯的高昂和洒脱，其意图仍是"安能摧眉折腰事权贵，使我不得开心颜"，表示自己要远离权力中心，到山水相隔、烟云笼罩的天台山去，修身养性，炼成真骨。

送超上人归天台

〔唐〕孟郊

天台山最高，动蹑赤城霞。
何以静双目，扫山除妄花。
何以洁其性，滤泉去泥沙。
灵境物皆直，万松无一斜。
月中见心近，云外将俗赊。
山兽护方丈，山猿捧袈裟。
遗身独得身，笑我牵名华。

注

妄花：比喻不正当的意念。

遗身：超然物外，此指超上人静默修持，远离尘俗。

名华：指俗世的名声和荣华富贵。

皓月当空

**说
明**

　　孟郊（751—814），字东野，湖州武康（今浙江德清）人。
少隐居嵩山，与韩愈友善。中进士后调溧阳尉。郑馀庆为东
都留守，署为水陆转运判官。后馀庆镇兴元，又奏为参谋。工
诗，与贾岛齐名，并称"郊岛"，又以诗风瘦硬，有"郊寒岛瘦"
之说。卒，张籍私谥为"贞曜先生"。有《孟东野诗集》。此
诗是孟郊写天台山的名作。

送天台僧

〔唐〕贾岛

远梦归华顶, 扁舟背岳阳。

寒蔬修净食, 夜浪动禅床。

雁过孤峰晓, 猿啼一树霜。

身心无别念, 余习在诗章。

注

背岳阳：离开岳阳。

净食：指素食，僧人所吃食物，不含荤腥。

禅床：喻指天台僧所乘之船，成为僧人途中坐禅修持的依托。

说明

贾岛（779—843），字浪仙，一作阆仙，范阳（今河北涿州）人。初为僧，名无本。后还俗，从韩愈学古文，屡举进士不第。文宗时，任长江主簿。诗以五律见长，喜苦吟。此诗是在岳阳送别天台僧时写的作品，诗人对这位天台僧的修持品性给予了高度褒扬。

远山

送郑山人游江湖

〔唐〕贾岛

南游衡岳上，东往天台里。
足蹑华顶峰，目观沧海水。

注　　　衡岳：南岳衡山，是佛教天台宗的一大重镇，也是道教上
清派的重镇。

华顶

说明

贾岛对天台山华顶峰很熟悉,送别郑山人的诗中就点明到达天台山后,要登上华顶,观赏海上日出的壮观景象,令郑山人精神振奋。

华顶杖

〔唐〕皮日休

金庭仙树枝，道客自携持。
探洞求丹粟，挑云觅白芝。
量泉将濯足，阑鹤把支颐。
以此将为赠，惟君尽得知。

注

华顶杖：用出自天台山华顶的古藤做成的手杖。古藤苍
劲坚韧，状如虬龙，制作成手杖，既好看好用，又寓意美好。在
古代华顶杖很受文人的赞颂和欢迎，他们以得到一柄华顶杖
为荣，也以此作为馈赠的高档礼品。

丹粟：细粒的丹砂。

白芝：道士仙药的重要品种，传说为神仙的饮饵。亦为
瑞兆。

**说
明**

皮日休早年居鹿门山，自号鹿门子。懿宗咸通八年（867）
进士。十年，为苏州刺史从事，与陆龟蒙交游唱和，并称"皮
陆"。后又入京为太常博士。僖宗乾符五年（878），黄巢军下
江浙，日休为巢所得，任为翰林学士。巢败，日休下落不明。
有《皮子文薮》《松陵集》。此诗是赞颂天台山华顶杖的代
表作。

华顶云锦

虬枝奇葩

注

灵根：指古藤的根。

谭玄：谈论玄理。

仙都：仙人居住的地方，后来作为地名，浙东处州缙云仙
都是国内著名的山水胜景，有黄帝升仙的传说。

华顶杖

〔唐〕陆龟蒙

万古阴崖雪，灵根不为枯。
瘦于霜鹤胫，奇似黑龙须。
拄访谭玄客，持看泼墨图。
湖云如有路，兼可到仙都。

说
明

陆龟蒙（？—881？），字鲁望，姑苏（今江苏苏州）人。举进士不第，往从张抟，历任湖、苏二州从事。后隐居松江甫里，多所论撰，与皮日休齐名，时谓江湖散人，自号天随子、甫里先生。此诗是皮日休《华顶杖》和诗，对华顶杖的生长环境、形状和性能功用做了形象生动的描写，并于尾联赞颂此杖兼有修仙的作用，升华了华顶杖的文化内涵。

泊灵溪馆

〔唐〕郑巢

孤吟疏雨绝，荒馆乱峰前。
晓鹭栖危石，秋萍满败船。
溜从华顶落，树与赤城连。
已有求闲意，相期在暮年。

注　　　　灵溪馆：天台县的官驿（官方招待所）就设在灵溪边上，
接待来往官员。
溜：流水，指瀑布。

云中仙子

说明

　　郑巢，生卒年不详，杭州钱塘人。性疏野，终生未仕。文宗大和末，献诗于杭州刺史姚合，颇受赏识。与两浙名僧亦多酬唱。工诗，长于五律，多送别题咏之作。有集。

　　此诗所写是诗人途经天台县时住宿于灵溪馆中所见所思所感，景有荒落破败之象，情有求闲退休之意，只有从华顶下来的瀑布流泉和与赤城相连的林木，给人以生动有活力的感受。

送象上人还山中

〔唐〕郑巢

竹锡与袈裟,灵山笑暗霞。
泉痕生净藓,烧力落寒花。
高户闲听雪,空窗静捣茶。
终期宿华顶,须会说三巴。

注

竹锡:竹竿做的锡杖。

灵山:此指天台山。

三巴:东汉末,益州牧刘璋分巴郡为永宁、固陵、巴三郡。
建安六年(201)改固陵为巴东,改巴郡为巴西,改永宁为巴郡,
合称三巴。相当于今四川嘉陵江和綦江流域以东大部分地区。

杳杳

说
明

此诗所写象上人是天台山僧,此行目的是回还本山,其籍贯应当是三巴。由此诗可推知,当时在长江与天台山间,有一条蜀中到浙东的修行通道。

华顶

〔唐〕李绅

欲向仙峰炼九丹，独瞻华顶礼仙坛。
石标琪树凌空碧，水挂银河映月寒。
天外鹤声随绛节，洞中云气隐琅玕。
浮生未有从师地，空诵仙经想羽翰。

注

　　九丹：道教谓服后可长生或成仙的丹药。《抱朴子》载："九丹者，长生之要。"其名为丹华、神符、神丹、还丹、饵丹、炼丹、柔丹、伏丹、寒丹。

　　仙坛：祈仙迎仙的祭坛，这里指华顶本身就像天台山上的祭坛。孙绰《游天台山赋》"陟降信宿，迄乎仙都"，便是指华顶成为天台山修仙成仙之坛，也是仙人降临之地。

　　绛节：使者手持的红色符节，此指仙人降临的仪仗。

　　琅玕：似玉的美石。

　　想羽翰：指成仙。道教称成仙为羽化。

说明

　　此诗当作于德宗贞元十六年（800）。诗以华顶为题，重在表现望后所感，虽然流露了出世思想，但对华顶峰之描写，很有认识价值。一是拜经台、瀑布等胜景，已为唐人津津乐道；二是鹤声上下，云气弥漫，向来被看成华顶美景；三是华顶山生长一种琪树，此树诗人在《琪树》中有专题描写，自注中又有特征介绍，不应看作想象之词。诗人尚有《题北峰黄道士草堂》诗，对华顶峰亦有描写，可参读："清溪道士紫微仙，暗诵真经北斗前。坛上独窥华顶月，雾中潜到羽人天。飞流夜落银河水，乔木朝含绛阙烟。会了浮名休世事，伴君闲种五芝田。"

华顶冰魂

肆

探隐居

● 天台

真觉禅音

小引　探隐居

　　天台山是我国隐逸文化的重镇，又是我国山水诗的摇篮之一，历代名人高士慕名而来者络绎不绝，骚人墨客逍遥山水者道路相望，历史上留下许多动人的故事，传于百姓口头，见诸文史记载，更多的是留存于文人的诗文作品之中，流传千秋，风行万里。其中天台山隐逸如传说中的范增隐九遮、王子乔（王乔、太子晋）隐桐柏等，便是颇具代表性的事例。民间有很多传说，文史上有很多作品的隐逸代表，首推天台山和合文化的象征寒山、拾得。寒山本是流浪诗人，生活无着，贫困潦倒，栖居于寒岩、明岩山洞中，不时到国清寺中找拾得要点残羹冷菜来果腹；拾得本是丰干和尚在国清寺外路边捡来的弃儿，就养在寺院伙房当伙头僧。寒拾两人因社会地位相同而亲近，惺惺相惜，产生了共同话语，产生了思想认识乃至于感情上的"和合"，被民间称为"和合二仙"，一直作为喜乐符号，融入生活中的方方面面，制作成各种文化生活用品，如建筑、家具、石雕、印刷、商标等，深受民众喜爱。两人多以童子形象成双出现，一个手拿荷花，谐音"和"，是寒山；一个手捧盒子，谐音"合"，是拾得。也有分作两处的，则必相配合呼应。清朝雍正皇帝敕封寒山子为"和圣"、拾得为"合圣"，合称"和合二圣"，更加提升了其社会地位，让寒山、拾得喜乐神的形象深入人心，影响进一步扩大。寒山留下三百多首诗，传到东洋，又传到西洋，竟然博得美国嬉皮士的顶礼膜拜，被奉为精神偶像，有人说"嬉皮士的鼻祖竟然在中国"。嬉皮士多方面塑造了美国文化，其国际影响经久不衰。

人问寒山道

〔唐〕寒山

人问寒山道,寒山路不通。
夏天冰未释,日出雾朦胧。
似我何由届,与君心不同。
君心若似我,还得到其中。

注　　届:至,到达。

问道桐柏

说明 　　该诗语言较为直白浅近,畅晓自然,而禅趣盎然,蕴意深刻,突出表达了诗人劝世之主旨,发人深省。《四库总目提要》评价云"有工语,有率语,有庄语,有谐语",十分精当。"夏天冰未释,日出雾朦胧"一句带有隐喻之意,暗指常人心中之烦恼、庚气,欲达心中所欲之境,须得心中释然。

重岩我卜居

〔唐〕寒山

重岩我卜居，鸟道绝人迹。
庭际何所有？白云抱幽石。
住兹凡几年，屡见春冬易。
寄语钟鼎家，虚名定无益。

注

重岩：重叠的山岩。常指高峻、连绵的山崖。

卜居：择地居住。选择居住的地方。

鸟道：只有飞鸟能经过的小路，比喻险绝的狭隘山道。

易：交替。《列子·汤问》："寒暑易节。"在诗中指春冬
交替，时间流逝。

钟鼎：钟和鼎，比喻富贵奢足的生活。

白云抱幽

该诗描写诗人所居住之地环境恶劣,但心中淡然闲适。意在劝世,寄语富贵奢足人家,浮名和财富终是过眼云烟,对于人生的圆满毫无益处,告诫世人看淡财富浮名、修正人性弱点。诗中含有作者对于芸芸众生的一份悲悯心。

送寒岩归士

〔唐〕徐凝

不挂丝纩衣,归向寒岩栖。
寒岩风雪夜,又过岩前溪。

曲径通幽

注

　　寒岩：寒岩洞在天台西部，以米芾题"潜真"，又名"潜真洞"，号称天台第一大洞，冬暖夏凉，因寒山隐居于此而得名。

　　丝纩：丝绵。此指寒衣。

说明

　　徐凝，生卒年不详，中唐诗人，睦州分水柏山（今浙江桐庐县分水镇柏山村）人。徐凝的《庐山瀑布》诗，受到白居易赏识。白居易称徐凝为"徐处士"。徐凝与元稹也有交往。此诗为徐凝游历天台山之作，全诗表现隐士生活艰难的处境，突出表现了隐士神秘恣肆、狂放不拘的面貌。

伍

攀仙都

●天台

琼台仙篷

小引　琼台双阙百丈坑

　　琼台双阙是天台山上很出名的景观,给人留下深刻的印象。从桐柏宫向西北行二里,至玄应真人祠,由真人祠取道仙人迹,经龙潭侧,约五里至琼台,转南三里至双阙,皆翠壁万仞,森倚相向。孙绰《游天台山赋》所谓"陟降信宿,迄于仙都。双阙云竦以夹路,琼台中天而悬居",描写的就是这里的奇景危观。唐朝道士、台州刺史柳泌所作《琼台》诗云:"崖壁盘空天路回,白云行尽见琼台。洞门黯黯阴云闭,金阙曈曈日殿开。"隐士方干《因话天台胜景奇异仍送罗道士》诗云:"积翠千层一径开,遥盘山腹到琼台。藕花飘落前岩去,桂子流从别洞来。石上丛林碍星斗,窗边瀑布走风雷。纵云孤鹤无留滞,定恐烟萝不放回。"宋朝台州郡守夏竦《琼台双阙铭》云:"琼台峨巀,左右如阙。直上相等,萝交蔓结。启闭云气,出入日月。千里若线,群峰如屑。凌霄压海,吞吴跨越。"历代旅行者来游众多,但观感与评论各不相同,当然这很正常,有的评价很高,誉之为天台山上最有看头的景观,这是出于观感的评价,自无不可。民国十三年(1924)三月间,康有为由台州籍辛亥志士屈映光、张翅等陪同游天台山,在琼台双阙题字,由屈映光等摹工镌刻于琼台双阙的"仙人座"上。康有为还为琼台双阙题诗"桐柏金庭绕九峰,夷齐遗像自清风。不必西山采薇蕨,琼台双阙有仙蓬",延续了这一天台山名胜的诗歌余绪。

求崔山人《百丈崖瀑布图》（节选）

〔唐〕李白

龙潭中喷射，昼夜生风雷。
但见瀑泉落，如潨云汉来。

注

　　百丈崖：《李太白诗集注》引《天台山志》："百丈岩，在天台县西北二十五里崇道观西北，与琼台相望，峭险束隘，四山墙立。下为龙湫，翠蔓蒙络，水流声淙然，盘涧绕麓，入为灵溪。由高视下，凄神寒骨。"

　　云汉：高空。

　　潨：急流。

说明

　　李白没有见过崔山人《百丈崖瀑布图》，听人描述此画宛如真境，他产生了兴趣，于是写下此诗，以诗代柬，向崔山人求画。李白《求崔山人〈百丈崖瀑布图〉》诗，安旗等在《李白全集编年注释》一书中将其定为天宝六载（747）李白游越时作。

百丈飞泉

琼台

〔唐〕柳泌

崖壁盘空天路回，白云行尽见琼台。
洞门黯黯阴云闭，金阙瞳瞳日殿开。

注

盘空：绕空，凌空。

琼台：位于天台山桐柏西北，奇峰林立，飞瀑漱流，"琼
台夜月"为天台大八景之一，有仙人座等胜景。

金阙：道家称天上有黄金阙，此指双阙。

瞳瞳：天色由暗转明的样子。

琼台仙谷

说
明

柳泌（？—820），本名杨仁昼，原是一名方士，习医术而未精，言多诞妄，在元和间结识宰相皇甫镈、左金吾将军李道古，被推荐给唐宪宗合制长生药。泌称天台山多仙药，求为台州刺史，方便采药。宪宗即任为台州刺史，驻天台山，驱吏民采药。此诗是诗人目睹天台山琼台双阙之景，有感而发，表达自己对天堂的向往。

游天台山（节选）

〔唐〕张祜

海眼三井通，洞门双阙挂。
琼台下昏侧，手足前采乳。
但造不死乡，前劳何足数。

琼台

注

海眼：泉眼，古人认为井泉潜流地中，远通江海，故称。

双阙：《徐霞客游记·游天台山日记》"万历四十一年(1613) 四月初七日"条："下视峭削环转，一如桃源，而翠壁万丈过之，峰头中断，即为双阙。"

采乳：采钟乳石，道士以为仙药。

说

明

张祜（约 785—约 852），字承吉，贝州清河（今河北清河西）人，一说南阳人，晚居丹阳。屡试不第，托人推荐亦未果，以布衣终。以宫词著名。有集传世。本诗是张祜游天台山的代表作。原为长诗，此处选择其中描写琼台双阙的三联，写了诗人在天台山上与道士一同登山采药时的见闻，表达了修行无悔之情。

小引　南黄古道

　　南黄古道是"网红驴友线路",颇受背包客、"驴友"好评。它是一条天台南屏到临海黄坛的古代驿道,驿道两旁保留了较多有百年乃至数百年历史的古木,尤以古枫树为多。一到深秋下霜时节,树林色彩斑斓,一路透红的枫叶,在阳光照射下形成"红于二月花"的浓烈景致,层林如染。南屏境内的南山在天台大八景中恰有"南山秋色"的名目(元曹文晦《南山秋色》诗)。此道当年可能稀松平常,现在的确需要有眼光、有情趣的观光客来细细品味其独特悠然的乐趣。以前天台县城到南屏的公路较窄,山道弯弯,容易拥堵,现在县城到南屏的新路开通,极大地改善了路况,既方便自驾游,也方便"驴友"出行。

　　南黄古道附近是天台县最有名的农业观光景区—— 莲花梯田观光区。总面积上万亩,号称浙东面积最大的梯田,梯田有一百多层,高低落差近千米,观光平台正处于莲花的花心处,堪称妙趣天成,四周的山坡梯田呈莲花状,观赏效果上佳。莲花梯田的特点是一年四季都可观赏:春天有金黄耀眼的油菜花、洁白的梨花和鲜艳的桃花,夏季有麦熟时节的麦浪、耕田插秧的耕作景象和早稻生长的层层叠叠绿色梯田景象,秋季以丰收的稻田、经霜的枫叶为主,冬季雪后是观赏的最佳时机。总之,这两处组成了一条"驴友"和组团旅游俱宜的路线,可以为天台山之旅收一个有力的结尾。

南山秋色（《新山别馆十景》之七）

〔元〕曹文晦

南黄古道

观彼南山小众山，霜明红树碧云寒。
余清入座挹不尽，积翠浮空染未干。
漠漠只愁晴雾隔，霏霏休待夕阳看。
何人会得悠然趣，前有陶公后有韩。

注　　　小众山：诸山显得低矮，此用杜甫《望岳》"会当
凌绝顶，一览众山小"之意。
　　　余清：留下的清凉之气。语出谢灵运《游南亭诗》：
"密林含余清，远峰隐半规。"
　　　挹：舀、酌。此指采、取。
　　　陶公：陶渊明，其《咏菊》诗有"采菊东篱下，悠
然见南山"之句。
　　　韩：指韩愈，作有长篇《南山诗》。

说明　　　曹文晦，字伯辉，号新山道人，天台人。生平未见碑
传行世。曾在赤城山麓建宅读书，名为"新山别馆"，有
《新山稿》。元末台州人能作诗者，曹文晦为首。这是诗
人信手点染之作。霜染枫林，清爽怡人，以景写情，笔调
优美。

陆

入
桃
源

●天台

峻极压沧溟

小引　入桃源

　　天台山"桃源春晓"位于天台县北境白鹤镇内,因汉刘晨、阮肇入天台山采毂皮遇仙而出名,后成为天台山大八景之一。游天台山桃源,往往先到护国寺一游。宋朝天台县令郑至道来桃源踏访,都是由护国寺僧人相陪带路,在建设桃源春晓的过程中,也少不了护国寺僧人的参与和管理。北宋著名西昆体诗人钱惟演题《护国寺》诗云:"峻极压沧溟,清居聚百灵。重门深闳邃,绝涧远湛冥。客问无生法,人游不死庭。何当谢簪组,鸟道驾飞軡。"郑至道在开辟刘阮遇仙景区后,与吴师正等人各写一首《刘阮洞》诗,在唐人歌颂刘阮遇仙之后继续这一题材的诗歌创作,为刘阮遇仙增添了宋韵,后收入《天台续集》卷中。

送苏倩游天台

〔唐〕张子容

灵异寻沧海，笙歌访翠微。
江鸥迎共狎，云鹤待将飞。
琪树尝仙果，琼楼试羽衣。
遥知神女问，独怪阮郎归。

云破日出

注

狎：亲近。

琪树：用《游天台山赋》"琪树璀璨而垂珠"之意，指天台山上仙树。

琼枝：传说中月宫里的宫殿，形容华美的建筑。

羽衣：道士、仙人所穿的衣服。

阮郎：指在天台山遇仙的阮肇。

说明

张子容，生卒年不详，荆州襄阳（今湖北襄阳）人，唐玄宗先天二年（713）进士，任温州乐城（今乐清）尉。此诗从内容看，很可能是张子容任乐城尉时送人之作，半颂天台山多仙人仙物，半开玩笑希望苏倩到天台山后被仙女逮住，不放回家，包含着赞美苏倩人才出色之意。此诗是唐朝诗人用刘阮遇仙典故较早的作品。

过白鹤观寻岑秀才不遇

〔唐〕刘长卿

不知方外客，何事锁空房？
应向桃源里，教他唤阮郎。

注

白鹤观：此指桃源附近之道观。

方外：指超脱尘世的人，语出《庄子·大宗师》。

桃源：天台有桃源洞，又名刘阮洞，为刘阮遇仙处。

桃源坑

刘长卿生平坎坷，安史之乱中避难于浙东，经历台州袁晁之乱及平叛之事，有诗记之。此诗为作者游览至此地时触景生情之作，引用刘阮遇仙的神话传说，表达对现实世界的厌弃和对美好生活的向往。

和合石

刘晨阮肇游天台

〔唐〕曹唐

树入天台石路新，云和草静迥无尘。
烟霞不省生前事，水木空疑梦后身。
往往鸡鸣岩下月，时时犬吠洞中春。
不知此地归何处，须就桃源问主人。

注　迥：远。

省：读如醒，晓得。

桃源：天台山有桃源洞，又名刘阮洞，是刘晨、阮肇遇
仙处。

说
明　曹唐（797？—866？），字尧宾，桂州临桂（今广西桂
林）人。早年为道士，后来还俗，屡举进士不中，以游仙诗闻
名。此为刘阮遇仙五首组诗之首，前三联叙述刘、阮二人深入
天台之所见所闻，尾联是疑惑之笔，引出桃源主人，为遇仙
铺垫。

刘阮洞中遇仙子

〔唐〕曹唐

天和树色霭苍苍，霞重岚深路渺茫。

云窦满山无鸟雀，水声沿涧有笙簧。

碧沙洞里乾坤别，红树枝前日月长。

愿得花间有人出，不令仙犬吠刘郎。

注　　云窦：云雾弥漫的山洞。

说
明　　此诗模拟刘阮于山间迷路，得遇仙女情状。

天台云海

仙子送刘阮出洞

〔唐〕曹唐

殷勤相送出天台,仙境那能却再来?
云液每归须强饮,玉书无事莫频开。
花当洞口应长在,水到人间定不回。
惆怅溪头从此别,碧山明月照苍苔。

注

那能：后来写作"哪能"。

云液：仙浆,指仙女送与刘阮的茶水。

玉书：密信,仙女临别时藏于小提包中的联络信物。

惆怅溪：仙女送别刘阮处的溪水,后来刘阮重入天台山想与仙女复合,到此却再也找不到进入仙洞之路。后人就称之为"惆怅溪"。

玉宇霓裳

乐莫乐兮新相知,悲莫悲兮生别离。刘阮遇仙,绝处逢生,喜出望外;旋复送别,人仙两隔,悲凉惆怅,难以言表。诗中一再寓意,寄托遥深。

仙子洞中有怀刘阮

〔唐〕曹唐

不将清瑟理霓裳,尘梦那知鹤梦长?
洞里有天春寂寂,人间无路月茫茫。
玉沙瑶草连溪碧,流水桃花满涧香。
晓露风灯零落尽,此生无处访刘郎。

注

霓裳:仙女所穿之衣,犹如云霓一般美丽飘逸。

鹤梦:指仙界之梦,与尘梦即俗世之梦形成对比。

说
明

｜

仙女思念刘阮，一如刘阮思念与仙女相会于山洞之情，山中景物如旧，而物是人非，便失去令人喜爱向往的光彩，只剩无尽的风和水一样的愁思。

清溪涧

刘阮再到天台不复见仙子

〔唐〕曹唐

再到天台访玉真，青苔白石已成尘。
笙歌冥寞闲深洞，云鹤萧条绝旧邻。
草树总非前度色，烟霞不似昔年春。
桃花流水依前在，不见当时劝酒人。

注

玉真：指仙女。

劝酒人：宴会上祝酒的仙女及其女伴。

说
明

此诗写刘阮回家后后悔，重回山中寻访仙女，却再也见
不到仙女的情景。全诗充满感伤凄凉的情调，读后一种难以
言表的惆怅涌上心头，久久难消。

寒山春色

天台

〔唐〕牟融

碧溪流水泛桃花,树绕天台迥不赊。
洞里无尘通客境,人间有路入仙家。
鸡鸣犬吠三山近,草静云和一径斜。
此地不知何处去,暂留琼佩卧烟霞。

注　　三山:指传说中的海上三座仙山,即方丈、蓬莱、瀛洲。

莲花梯田

说
明

　　　牟融,与张籍、欧阳詹、朱庆余、韩翃等交游唱和。此诗描
写天台桃源内外景色纯净无尘、祥和幽静,欲寻入仙之路则
烟霞笼罩,难窥其真,给读者留下悠悠的遐思。

柒

巾山秋

 临海

台州府古城墙

小引　台州府城与巾山

唐朝台州州治临海（今浙江省临海市）有如今我国江南保护最好的府城，除东城墙被拆，其余三面均完好，在2021年中央电视台跨年直播中得到露面的机会。府城老城区保留宋朝以来的基本格局，南北贯通的主街紫阳街被评为中国历史文化名街，仍然是清末民国时的样子，与此街南端的巾子山相映成趣。

巾子山习称巾山，与东湖一起素称"一郡游观之胜"，是台州府城的标志，被称为镶在古城中的明珠，又被比喻为古城中的大盆景，是全国少有的自然景观、文化瑰宝。巾山在小固山之西。巾子山海拔一百余米，略高于小固山，山顶上有大小两峰，叫帢帻峰，峰上各造有一塔，塔旁岩石上镌有"遗巾处"，传说皇华真人得道升天时掉下巾帻，变成这座巾子山。两塔名大小文峰塔，高入云霄，成为台州府城的地标，原是山顶寺院帢帻精舍的寺塔。山顶松竹荫翳，唐朝诗人任翻《宿帢帻精舍》诗写得好："绝顶新秋生夜凉，鹤翻松露滴衣裳。前峰月映半江水，僧在翠微开竹房。"明朝人文地理学家王士性《两登巾山雨憩景高亭》有"孤亭地拥双峰起，绝壑天开万井春"之句，清朝大地理学家齐召南有"灵江绕郭碧潺潺，双塔高悬霄汉间"之句，都可见双峰两塔突出的形象。现在城市东扩，高层楼房雨后春笋般建起，巾山塔原先指引灵江两岸水陆出行的导向作用已经大为减弱。但作为古城区块具有象征意义的建筑物，它的标志性功能得到强化。如把古城看作一幅画卷，巾山就是画卷的主题。

巾山南半坡处有一通翁亭，是 20 世纪 90 年代的建筑物，为纪念中唐著名诗人顾况而建，顾况字逋翁，在临海任职期间作有《临海所居三首》，其二云："此去临溪不是遥，楼中望见赤城标。不知叠嶂重霞里，更有何人度石桥。"巾山南坡有南山殿，原为纪念唐朝抗击安史叛乱英雄张巡（临海民间称张元帅）而建，迄今香火不断。1945 年 3 月 17 日台州军民击毙日酋海军大将山县正乡于葭沚，后将其座机的浮筒等物放在此处山坡举办展览，大长台州军民士气。附近有不浪舟、小寒山，是明末著名抗清志士陈函辉住所，也是他的挚友、旅行家徐霞客来台州时会面的地方，可惜小寒山遗迹今已无存。现在巾山上有王士性、陈函辉和徐霞客的雕塑，便是对这两位大地理学家与台州志士仁人的纪念。

山顶原有寺院，唐朝时名帢帻精舍，宋时称明庆塔院，《赤城志》载："其顶双塔差肩屹立，有明庆塔院。院之南有翠微阁，北有广轩。轩下瞰阛阓，阁南眺郊薮。廛市山川之盛，一目俱尽。故其胜概名天下，登临者必之焉。"历代续有修缮，但明庆塔院在抗日战争时被日军飞机炸毁，连同其他的阁、轩等均已无存。唐朝任翻作《宿巾子山禅寺》诗后，又有《再游巾子山寺》《三游巾子山寺感述》，有"灵江江上帻峰寺，三十年来两度登"之句。任翻是流寓台州多年的诗人，也是写巾子山诗最为人所传颂的诗人。他的巾子山诗精彩动人，令人喜爱，后人把它刻在巾山南面岩石上，成为一处著名的府城石刻，可惜"文革"中被铲平了[①]。宋朝太守钱昱题诗：

① 台州流失地名录编委会：《台州流失地名录》中册，中华书局2019年版，第124页。

"数级崔嵬万木中，最堪影势似难同。阑干夜压江心月，铃铎秋摇岳顶风。重叠画栏遮世界，稀疏清磬彻虚空。有时问着禅僧路，笑指丹霄去不穷。"太守章得象题诗："步步云梯彻上层，回头自觉欲飞腾。频来不是尘中客，久住偏宜物外僧。下寺钟声沉地底，前峰塔影落阶棱。凭栏未尽吟诗兴，却拟乘闲更一登。"[1]

巾子山不仅多寺观、轩阁，北坡还有华胥洞神话传说遗迹。西端山麓建有台州州寺龙兴寺（开元寺），在台州佛教的对外传播中发挥了重要作用。唐鉴真大师东渡日本时，打着到天台山烧香的旗号来到台州，经过临海转赴黄岩时很可能就借宿于龙兴寺中。台州龙兴寺的僧人思托就是跟随鉴真赴日的弟子之一，并最终跟随鉴真到达日本弘法。唐贞元二十年（804）九月二十六日，日僧最澄率弟子义真等一行人来台求法，拜谒太守陆淳（后改名质），办理留学天台宗的有关手续（文牒），先在此寺抄经，后入天台山从行满深造，求法结束后复来龙兴寺结业，台州刺史陆淳为之书写求法鉴定，准许结业，而且由台州司马吴颛主持，于贞元二十一年（805）三月三日在龙兴寺举行茶话会，隆重送别。到会的台州和临海县令等官员、社会贤达、寺院僧侣均赋诗相赠，最澄携回日本后编成《台州相送诗》一卷，保存至今的还有十首诗。后来日僧圆珍等来台求法，还搭乘由灵江出海的商船回国，并且与几位华商诗歌、书信往来，保存于《风藻馀言集》中有近二十首（篇）诗文，在中日文化交流史上留下十分珍贵的史料。巾子山海拔虽然不高，但诗人诗作格调很高，传播台州文化含量很高，历代吟咏不绝，更仆难数，可谓台州第二诗山，是见证中国文化对外传播的著名诗山。

①并见《嘉定赤城志》卷十九，第301页。

久客临海有怀

〔唐〕骆宾王

天涯非日观，地岊望星楼。
练光摇乱马，剑气上连牛。
草湿姑苏夕，叶下洞庭秋。
欲知凄断意，江上步安流。

古城门下的武旦

注

日观：观日之地。

地岊：岊，读如节，山角落。地岊即地角，此指僻远处。

望星楼：形容楼高可观星辰。

练光句：用孔子登鲁太山望吴阊门典。孔子在山上望吴阊门外，有用白绢系着白马，问颜渊说：你看到吴阊门吗？颜答看见。孔问有什么？颜答有一条系物的白绢。孔子与颜渊下山后，颜渊发白齿落，不久病死。

剑气句：用晋张华传吴地有剑气上彻斗牛典。此联均寓临海远离中原，太过偏僻之意。

草湿句：用淮南王刘安召伍被谋反事，伍被慨叹要见到宫中生荆棘、露沾衣了。此句表示要发生大事。

叶下句：《楚辞·九歌·湘夫人》："洞庭波兮木叶下。"形容秋来肃杀的气氛。

凄断意：凄凉哀怨之意。

说明

骆宾王（约638—684），婺州义乌（今浙江义乌）人。七岁能诗，任道王府属，长安主簿，迁侍御史，调露元年（679）冬，因上疏言事获罪下狱，翌年秋除临海丞。文明中（684）随李敬业起兵讨武后，兵败被杀（一说逃亡不知所终）。此诗即丞临海时作，全诗情绪低落，感叹僻处天涯而感觉前途黯然，借秋景表现凄凉肃杀之气，衬托了当时心境。

送周判官往台州

〔唐〕孙逖

吾宗长作赋,登陆访天台。
星使行看入,云仙意转催。
饮冰攀璀璨,驱传历莓苔。
日暮东郊别,真情去不回。

高明听钟

注

吾宗句：指东晋孙绰所作《游天台山赋》。

登陆句：语本《游天台山赋》序："涉海则有方丈、蓬莱，登陆则有四明、天台。"

星使：古代天文学以天节八星主使臣之事，就以星使尊称皇帝的使者，州郡首长被尊称为使君，故此以星使尊称赴任台州刺史的周判官。

云仙：仙人。

饮冰句：饮冰语出《庄子·人间世》："今吾朝受命而夕饮冰，我其内热与？"此处用以表示急于赶到天台山爬到琪树上的迫切心情。

驱传：古代官员赴任所乘车马，每隔一定路程设立传舍，供给歇宿、更换车马等用，官员所乘之车马亦称"传"。驱传即驱车之意。

历莓苔：《游天台山赋》："践莓苔之滑石，搏壁立之翠屏。"李善注引《异苑》曰："天台山有莓苔之险。"

说明

孙逖（696—761），潞州涉县（今河北涉县）人。幼儿能文，才思敏捷，开元二年（714）举哲人奇士科，授山阴（今绍兴）尉。历左拾遗，迁右补阙、集资学士、中书舍人，终太子詹事。诗长于古今诸体，原有集，已佚。

此诗乃盛唐大才子孙逖送别赴台州上任的周判官之作，先回顾了历史上孙绰《游天台山赋》所写内容，再过渡到眼前的友人急于要赶到这座名山，游览各种风光之情景，尾联在朴素的表述中，寄托了无穷的言外之意。

送台州李使君兼寄题国清寺

〔唐〕刘长卿

露冕新承明主恩，山城别是武陵源。
花间五马时行县，山外千峰常在门。
晴江洲渚带春草，古寺杉松深暮猿。
知到应真飞锡处，因君一想已忘言。

桃江十三渚

注　　　露冕：本是隐士所戴的帽子，后用于表彰政绩突出的官员，让他所戴露冕为民众所知，此即用以夸赞李使君勤政爱民。

　　　山城：台州州城依山临水，州治背依北固山（又名大固山、龙顾山），南有巾子山、小固山，西、南两面为灵江绕流，周以城墙，可谓固若金汤。因浙东山水相间，交通不便，风俗古朴，有如桃源。

　　　五马：古时刺史出行所乘车子用五匹马拉，故五马便成为刺史出行的标配，遂以代称刺史。

说　　　此诗是赞美台州这座城市是世外桃源一般的仙境，山抱
明　水绕，令人到达此境便飘飘然有尘外之想。

临海所居（其三）

〔唐〕顾况

家在双峰兰若边，一声秋磬发孤烟。
山连极浦鸟飞尽，月上青林人未眠。

注

　　双峰兰若：台州州城临海巾子山上有帻帻两峰，建有帻峰寺，宋朝改名明庆塔院，院南有翠微阁，北有广轩，下瞰城内街坊，南眺郊郭廛市，可谓一城风光尽收眼底，为文人墨客登临览胜者必至之处。兰若指寺院。

　　极浦：连绵远处的水滨。州城西南两面为灵江，向东蜿蜒而去。

巾山双塔

说
明

顾况在台州任新亭盐监,曾作诗记及州城乡下经袁晁兵乱后一片荒凉景象,此诗则记其居临海所见胜景与感受,引人远思。今巾子山上建有"逋翁亭",即为纪念顾况之物。其所任盐监之地在灵江下游新亭头(今涌泉镇)。

送吴侍御司马赴台州

〔唐〕武元衡

卢耽佐郡遥,川陆共迢迢。
风景轻吴会,文章变越谣。
烟林繁橘柚,云海浩波潮。
余有灵山梦,前君到石桥。

注

侍御:唐朝官制中侍御史、殿中侍御史分别为六品、七品官职,俗称侍御。

司马:贞观二十三年(649)七月,改诸州治中为司马,上州司马为从五品下,台州属上州。

卢耽:卢耽有仙术,任州治中(相当于唐朝的州司马)时,每晚飞回家,早晨回到州署上班。见《太平寰宇记》卷一六四。此处以卢耽比吴侍御。

古城梅香

说
明

武元衡（758—815），字伯苍，缑氏（今河南偃师南）人。是武则天曾侄孙。德宗建中四年（783）进士，历任监察御史、华原县令、御史中丞，宪宗元和二年（807）为相，八年（813）复入相。此诗是送吴侍御赴任台州之作，鼓励吴侍御像卢耽那样勤奋工作，能够愉快胜任。颈联"烟林繁橘柚，云海浩波潮"简直是台州东部海滨之地盛产柑橘状况之写照，是切中临海精魂的佳联。

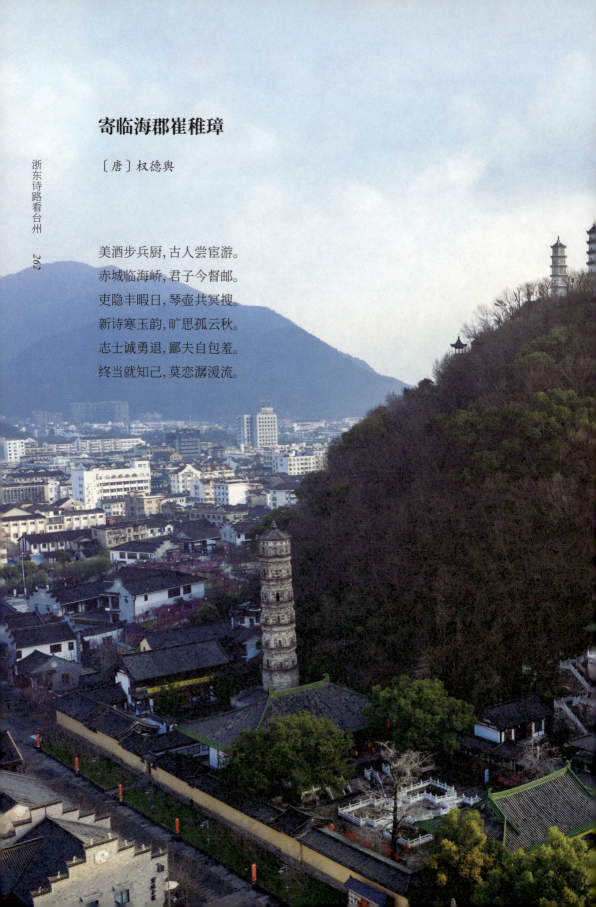

寄临海郡崔稚璋

〔唐〕权德舆

美酒步兵厨，古人尝宦游。
赤城临海峤，君子今督邮。
吏隐丰暇日，琴壶共冥搜。
新诗寒玉韵，旷思孤云秋。
志士诚勇退，鄙夫自包羞。
终当就知己，莫恋潺湲流。

注

　　美酒联：晋阮籍嗜酒，闻步兵厨营人善酿，存陈酒三百斛，就求为步兵校尉，畅饮美酒，忘记他事。此指崔稚璋到台州，也像阮籍一样看中台州有自己喜欢的事物。

　　督邮：汉朝各郡的属吏，代表太守督察各县，宣达教令，兼司狱讼捕亡等事。此处用以比崔所任之职。崔所任为台州录事参军，上州录事参军为从七品上。

　　吏隐：指存心淡泊，虽居官而犹如隐居者。

　　冥搜：冥思苦想地寻找。

　　鄙夫：见识浅薄的人，用作自谦。

说明

　　权德舆（758—815），字载之，原籍天水略阳（今甘肃泰安），后徙润州丹徒（今江苏镇江）。历任知制诰、中书舍人、礼部侍郎，元和五年（810）任相。此诗是寄送赴任临海郡（安史之乱后改台州为临海郡）纪纲之职的崔稚璋之作，诗句铿锵，情韵超脱，既称赞崔率性淡泊，也赞美临海郡有"赤城临海峤"的名胜。

临海龙兴寺

紫阳街

注　　　　纪纲：典章法度。崔稚璋所任之职是维护法纪，与上首
诗中"督邮"意思相同。

盛府：对地方长官衙署的尊称。

送台州崔录事

〔唐〕权德舆

不嫌临海远，微禄代躬耕。
古郡纪纲职，扁舟山水程。
诗因琪树丽，心与瀑泉清。
盛府知音在，何时荐政成？

说
明　　此诗为权德舆写给崔稚璋任职临海郡的第二首，从上首诗的嘱咐崔"终当就知己，莫恋潺湲流"，到本诗的"盛府知音在，何时荐政成"，透露出权德舆殷殷的关切，希望崔稚璋在山水神秀的地方做出佳绩，写出好诗。全诗从另一方面反映出临海郡山水美景声名在外。

宿巾子山禅寺

〔唐〕任翻

绝顶新秋生夜凉,鹤翻松露滴衣裳。
前峰月映半江水,僧在翠微开竹房。

注　　　巾子山：通称巾山,在台州州城临海城内南边,传为仙人
飞升时遗落头巾化成,故名,其山峰又名帕帻峰。巾山东连小
固山,山高百余米,三面临街,南濒灵江。
　　禅寺：诗题有异文,或作帕帻精舍、巾子广轩、夜宿峰顶
寺等,此用《全唐诗》题。

说明

任翻，又作任蕃，生卒年不详，活跃于会昌间（814—846）。宋吴子良《林下偶谈》以为赤城（台州）人，《四库提要》以为流寓台州者，与其诗合。《唐才子传》称："（任蕃）去游天台巾子峰，题寺壁间云……前峰月照一江水，僧在翠微开竹房。既去百余里，欲回改作半江水，行到题处，他人已改矣。后复有题诗者曰：任蕃题后无人继，寂寞空山二百年。"此诗为唐诗中题巾子山而脍炙人口之作，巾子山以任翻而扬名，任翻以巾子山而不朽。

巾山新秋

再游巾子山寺

〔唐〕任翻

灵江江上帻峰寺,三十年来两度登。
野鹤尚巢松树遍,竹房不见旧时僧。

注　　　灵江:浙江省第三大水流,上游有两大支流,永安溪发源
于仙居与缙云交界处的天堂尖,始丰溪发源于磐安县大盘山
南麓,两溪流到临海永丰三江村合为灵江,东流入海。为浙东
唐诗之路台州段水路干道,有骆宾王、沈佺期、孟浩然、鉴真、
郑虔、李白、魏万、顾况、任翻,日本学问僧最澄、圆珍和宋朝
陈与义、高宗赵构、李清照、文天祥,日僧成寻、荣西等名人经
行,是很有唐诗趣味的水道。

　　两度:从首次登上巾山至此已过三十年。联系下一首诗
综观之,任翻数度登临巾山,可知巾子山颇具魅力。

说明

任翻再游临海,数度登上帻峰寺,鹤鸟尚且再次在松树上安巢,竹房中却已经不见曾经开门的僧人。表现了诗人对逝者如斯、物是人非的深深感叹。

巾山

三游巾子山寺感述

〔唐〕任翻

清秋绝顶竹房开,松鹤何年去不回?
惟有前峰明月在,夜深犹过半江来。

说明

　　此诗为任翻第三次游临海时所作。"清秋"此处与"绝顶"相对应，深秋了，树木凋零，竹房之门如故，而松树上的鹤也远去不再回来，只有深夜明月仍然照过半江来。其感慨时光易逝与独自一人的寂寞之情跃然而出。

无题

捌

神仙居

神仙居 ●

神仙居

小引　神仙居

　　仙居古名乐安，东晋穆帝永和三年（347），分始丰县南乡置乐安县（今仙居），属临海郡。隋开皇九年（589）废临海郡，原辖五县合并为临海县，属括州。唐初复置乐安县，高祖武德七年至八年（624—625）又合并为临海县，太宗贞观八年（634）分临海县置始丰县，高宗上元二年（675）又分始丰县置乐安县。吴越宝正五年（930）改乐安县为永安县。到宋真宗景德四年（1007）以永安县"洞天名山屏蔽周卫，多神仙之宅"，诏改为仙居县，沿用迄今一千多年。这里是浙东唐诗之路上山水景观十分出色之地，最有代表性的是神仙居、景星岩、公盂等，峰峦巍峨岌嶪，观音峰更是孤高直指苍穹，远望如张帆，见者忘俗。

　　永安溪是灵江上游两大支流之一，清流泻注，滋润一方土地，往昔未通公路及桥梁很少时，溪上长船来往，白帆络绎，成为运输货物的大动脉，也是一道很有趣味的风景线；人文胜迹则以道教第十大洞天括苍洞天、麻姑岩、项斯故居项斯坑、元朝画家柯九思故乡柯思岙、南峰山等为代表。项斯是台州第一位进士，本地最早出名的诗人，甫登诗坛，即获得国子祭酒文坛伯乐杨敬之的赏识，赠诗云："平生不解藏人善，到处逢人说项斯。"后来提炼为成语"逢人说项"和"说项"，成为诗坛佳话。项斯故乡项斯坑村距永安溪不远，从小受仙居山水的养育，从永安溪到灵江，是项斯到州城考试、交游、办理有关手续的必经路线，给他的诗歌创作提供了重要的素材。他与当时诗坛健将张籍等人交游密切，诗歌也受到好评，他的诗作是浙东台州尤其是仙居诗路的珍贵历史文化资源，值得保护、研究和利用。

烟霞深处

赠项斯

〔唐〕杨敬之

几度见诗诗总好，及观标格过于诗。
平生不解藏人善，到处逢人说项斯。

苍茫云海

注

标格：气度，风范。

不解：不会，不能。

说明

　　杨敬之，字茂孝，约为贞元、会昌间人，虢州弘农（今河南灵宝）人。宪宗元和二年（807）进士。开成末年任国子祭酒，后转大理卿，检校工部尚书兼祭酒。当时文名甚盛，韩愈、柳宗元、刘禹锡等比为当代贾、马。好与士类交接，李贺、项斯皆为其忘年交。《赠项斯》高度评价项斯的诗作及其风度，诗人也以热情奖掖后进而名传至今。

赠项斯

〔唐〕张籍

端坐吟诗忘忍饥,万人中觅似君稀。
门连野水风长到,驴放秋原夜不归。
日暖剩收新落叶,天寒更着旧生衣。
曲江亭上频频见,为爱鸬鹚雨里飞。

注　　鸬鹚:俗称鱼鹰、水老鸦。羽毛黑色,颔下有小喉囊,上嘴尖端有钩,善潜水捕食鱼类。渔人常驯养之以捕鱼。

公盂峰林

说明

　　张籍（约767—约830），字文昌，祖籍吴郡（今苏州），少时侨寓和州（今安徽和县）。德宗贞元十五年（799）进士，历任水部员外郎、国子司业等职，世称"张水部"或"张司业"。与王建并称"张王"。此诗对项斯为人及其生活、创作情况做了描画，诗人高度评价项斯为人，可助我们了解项斯当时人生真实处境之一斑。曾任台州刺史郑熏的散句"项斯逢水部，谁道不关情"，亦很精炼地勾勒出项斯与张籍之交的真挚。

送辛少府任乐安

〔唐〕张籍

才多不肯浪容身,老大诗章转更新。
选得天台山下住,一家全作学仙人。

注

浪:放浪、放纵。

老大:年龄大。

仙居公盂

说
明

辛少府赴任乐安,张籍作诗相送,在称赞辛少府才华出
众之后,借天台山来比拟乐安,称其是修炼仙道的好地方。

江村夜泊

〔唐〕项斯

月落江路黑，前村人语稀。
几家深树里，一火夜渔归。

说
明

项斯（802？—847？），字子迁，台州乐安（今仙居）人。
早年隐居于朝阳峰，与净者（僧人）交游，并受其熏陶，后到
长安行卷于国子祭酒杨敬之，获得杨的激赏，作诗为之延誉，
令项斯知名度大涨。会昌四年（844）进士，授丹徒县尉，卒
于任所。存诗一卷，近百首。此诗用简洁的语言、白描的手法，
刻画出江南渔民深夜捕鱼回家的情景，是项斯五言绝句的代
表作。

一火夜渔

忆朝阳峰前居

〔唐〕项斯

每忆闲眠处，朝阳最上峰。
溪僧来自远，林路出无踪。
败褐粘苔遍，新题出石重。
霞光侵曙发，岚翠近秋浓。
健羡机能破，安危道不逢。
雪残猿到阁，庭午鹤离松。
此地虚为别，人间久未容。
何时无一事，却去养疏慵。

注

朝阳峰：在仙居县城东十五里。

败褐：破旧布衣。

疏慵：倦怠懒散，不问世事。

江村深树

说明

《唐才子传》载："（项）斯性疏旷，温饱非其本心。初
筑草庐于朝阳峰前，交结静者，盘薄岩林，戴藓花冠，披鹤氅，
就松阴，枕白石，饮清泉，长哦细酌，凡如此三十余年。"此诗
为项斯回忆早年生活之作，溪僧即项斯交结的净者（静净同
音相假）。诗尾可知他为求人间能容纳自己，而表现出对归隐
林泉的向往之情。

落第后归觐喜逢僧再阳

〔唐〕项斯

相逢须强笑,人世别离频。
去晓长侵月,归乡动隔春。
见僧心暂静,从俗事多屯。
宇宙诗名小,山河客路新。
翠桐犹入爨,青镜未辞尘。
逸足常思骥,随群且退鳞。
宴乖红杏寺,愁在绿杨津。
羞病难为药,开眉赖故人。

注

落第:参加进士考试未中称落第。

归觐:回家拜见父母等长辈。

去晓:指清早动身出行。

侵月:清早月亮还挂在天上。

隔春:隔年。古代乡试在秋季,称为秋闱;省试(礼部考试)在春季,称春闱。路途遥远者须在冬季就出门,赶到首都准备考试,归来时已经隔年。

爨:烧火做饭。

羞病难为药:羞愧这种毛病是找不到治疗之药的。

观音山柱峰

说明

———

项斯此诗又收入贾岛名下,一诗两属,题目亦略有不同。作者也写落第士子共同的心理,近乡情更怯,遇见熟人更是羞愧难当,但在表达见到故人难得开颜一刻之外,此诗更有"宇宙诗名小,山河客路新"的新领悟和新境界,人生还有其他的道路,不至于局限科举一途。

归家山行

〔唐〕项斯

献赋才何拙，经时不耻归。
能知此意是，甘取众人非。
遍陇耕无圃，缘溪钓有矶。
此怀难自遣，期在振儒衣。

注

献赋：向别人献上自己作的赋，此用汉朝司马相如向汉武帝献赋典。

不耻归：厚着脸皮回家，寓自己未得功名意。

说明

项斯外出考试、宦游经历曲折，饱受磨难，其诗集中多有五湖四海各地行踪之作，西至西域，南达安南，中经巴蜀，北到齐鲁和黄河，可谓深知人间冷暖。此诗即求取功名落第回家之作，反思自己痛苦的内心、物议的压力、生计的艰难，但终于不愿屈服，要起而提振精神，功期再举，是一首充满励志内涵的好诗。

项斯古道

玖

开新途

开新途 ●

水国青山

小引 台温诗路与海上诗路

　　浙东唐诗之路从越州萧山到台州州城临海,诗人诗作都保持较高的数量,而从临海以南向永嘉(温州)段诗路,则诗人诗作量均锐减,用流行语来说叫"断崖式下降"。其原因大致有二:一是临海以南到永嘉山路为主,崎岖险峻,翻山越岭,很是吃力,加上山水相间,江水激荡,过江也很麻烦。二是浙东沿海岛屿众多,向来是海盗盘踞藏身之地,即使盛唐时期,也曾经出现海盗吴令光抄掠甬台温沿海,造成大规模的社会动乱。《唐大和上东征传》载:"是岁,天宝二载癸未,当时海贼大动繁多,台州、温州、明州海边,并被其害,海路堙塞,公私断行。"紧接着安史之乱,台州爆发袁晁起义,越州爆发裘甫起义,浙东附近地区爆发一些小规模的农民起义,造成正常社会秩序的混乱停顿,诗人躲避唯恐不及,哪里还有心思描绘山水、吟哦风月?所以只有少数几位诗人留下为数不多的诗作,为这条追踪"谢公"的诗路保持了不绝如缕的痕迹。这是这条诗路水陆两道交通情况的背景。

　　从台州天台山下来,沿始丰溪到灵江,经台州州城临海,顺水东流,出台州湾沿东海边航道南向永嘉(温州),沿瓯江(唐朝名永嘉江)上溯,可经处州(丽水)、婺州(金华)返回杭州。这段由灵江入海,由海入瓯江的诗路,便是浙东海上诗路的重要一段。沿途有恶溪、临海新亭监、临海峤、台温中界山(玉环)、江心屿(孤屿)等著名山水名胜与人文遗迹。

孟浩然、李白、魏万等名流的诗作，影响深远，而且走此路可亲近乃至神游道教传说中的海上仙山，令人为之神往。

此路盛唐时期得到开辟，主因是各种条件成熟，因缘际会。其中一个重要的催化因素是北方的旅行者受不了翻山越岭的辛苦，如真人元开《唐大和上东征传》中鉴真大和尚弟子道航所说："今送功德往天台国清寺，陆行过岭辛苦，造舟从海路去耳。"唐朝诗人尤其是北方诗人喜欢走水路出行，像孟浩然就说"舟行自无闷，况值晴景豁"（《早发渔浦潭》），"为多山水乐，频作泛舟行"（《经七里滩》）。至于东海诗路的成行还与传说中的海上三仙山有紧密联系，诗人会憧憬海上之行的种种机遇，抱有很大的期待，甚至冒点险也愿意。还有与唐朝造船技术进步，能够建造更加可靠的海船有关；与这些诗人家境殷实，不缺盘缠有关；与诗人未见过海洋，更未到海上行船而迫切希望乘此机会一游为快有关。然而诗人航行体验与其愿景大相径庭，主要是这些诗人多是"旱鸭子"，乘坐江船尚可适应，但一到海上，风浪四起，立即头晕眼花，呕吐不已，一会就六神无主，昏沉过去，甚至不省人事。到被人叫醒或者被抬上岸时，则已经到达码头，只是庆幸性命还在，至于海上行船的细节、景象大多一片空白，若想作诗，实在无法着笔，有的恶心的感受、呕吐的细节等也不好意思写入诗中。所以终唐之世此段诗路作品寥寥，后继乏人，其实皆因于此。本地诗人（含在本地工作多时之诗人，如顾况）在唐朝还是凤毛麟角，他们虽然对东海航线情况比内陆诗人要清楚得多，但只要盘缠充裕，就不会选择乘坐海船来往。直到宋朝，福建诗人入京考试经过温台者仍然选择跋山涉水的陆行，就可理解海上诗路的艰险，也可多少体会海行者的"无畏"了。

仙乡夜泊

登临海峤初发疆中作与从弟惠连见羊何共和之（节选）

〔南朝宋〕谢灵运

攒念攻别心，且发清溪阴。
暝投剡中宿，明登天姥岑。
高高入云霓，还期那可寻？
傥遇浮丘公，长绝子徽音。

注　攒念：积累的思念。

别心：离别的心情。

清溪：一作青溪，青清为古今字，《赤城志》："青溪在（天台）县西五里，源出天台山，南流至桐栢，又南流三里，经三井下流为瀑布，方南入大溪。"

剡中：指剡县境内。

傥：假如。

浮丘公：接王子乔登山成仙的仙人。《列仙传》载："王子乔好吹笙，道人浮丘公接以上嵩山。"

徽音：美妙的声音。此联意刘良解为"言我傥遇此仙公，长绝子美音信"，见《六臣注文选》。

锦绣天仙

说
明

　　此诗是谢灵运从永嘉郡返回会稽郡,登临海峤初发时所
作。该诗作于元嘉元年(424)秋九月,谢灵运称疾去职,返
回会稽故里。题中"临海峤",在今台州与温州交界附近,即
温峤,又名温岭、峤岭。疆中,即域中,指诗人从临海峤出发,
进入临海郡后再返回会稽郡,故称"初发疆中"。返回会稽郡
的目的之一是与堂弟谢惠连见面。谢惠连才悟绝伦,谢灵运
与之相对,就有佳句。羊璿之、何长瑜等可以唱和,共为文章
赏会。

宿永嘉江寄山阴崔少府国辅

〔唐〕孟浩然

我行穷水国,君使入京华。
相去日千里,孤帆天一涯。
卧闻海潮至,起视江月斜。
借问同舟客,何时到永嘉?

注

永嘉江:瓯江。《元和郡县图志》:"永嘉江,一名永宁江,在州东三里。"

山阴:县名,秦置山阴县,陈武帝永定年间析山阴置会稽县,隋开皇九年两县合并为会稽县,唐武德七年复设山阴县,清宣统三年合并为绍兴县。今分属绍兴越城区和柯桥区。

崔少府国辅:《唐才子传》:"山阴人,开元十四年严迪榜进士,与储光羲、綦毋潜同时。"曾任山阴县尉,故称"少府"。

水国:越地多水,故称。此时孟氏在永嘉,已到越国之南陲,故称"空水国"。

永嘉:今温州市。《元和郡县图志》卷二六:"永嘉县,即汉回浦县之东瓯乡。"东晋明帝太宁元年(323),将临海郡南部的永宁、安固、松阳、横阳四县划出成立永嘉郡。

说明
——

此诗为孟浩然坐船从台州湾南向温州湾,到达永嘉江口时,夜半醒来,迫切想见到少时同学张子容的心情流露。诗中可见同船还有其他乘客,此诗为了解孟浩然永嘉之行提供了参考。

永安帆影

岁暮海上作

〔唐〕孟浩然

仲尼既云殁，余亦浮于海。
昏见斗柄回，方知岁星改。
虚舟任所适，垂钓非有待。
为问乘槎人，沧洲复谁在？

虚舟垂钓

注

殁：亡故。此用《汉书·儒林传》"仲尼既没，七十子之徒……或隐而不见"之意，谓流落江湖。没殁古今字。

斗柄：指北斗的第五至第七星，即衡、开泰、摇光。北斗，第一至第四星象斗，第五至第七星象柄。

岁星：木星，木星约十二年运行一周天，其轨道与黄道相近，因将周天分为十二分，称十二次。木星每年行经一次，就以其所在星次来纪年，故称岁星。此处岁星改指即将过年了。

槎：木筏。此用古人乘仙槎上天典。

沧洲：水滨之地，常用以代称隐士居处。

说
明

此诗是孟浩然到永嘉探望同学张子容，船到永嘉江口暂泊时作。孟千里迢迢来游浙东，本为排解"风尘厌洛京"，即希望到浙东能够在仕途上有所收获，至此已经"两见夏云起，再闻春鸟啼"，就是经过两年的游宦仍然没有门路，心情自然低落，类似归隐江湖之人。

永嘉别张子容

〔唐〕孟浩然

旧国余归楚,新年子北征。
挂帆愁海路,分手恋朋情。
日夕故园意,汀洲春草生。
何时一杯酒,重与季鹰倾。

注　　　张子容:襄阳人。从小与孟浩然同学于家乡鹿门山,玄宗先天
元年(712)进士,任晋陵尉,后被贬为乐城(今温州乐清)尉。

旧国:等于说故乡。

楚:襄阳属古代楚国。

季鹰:晋张翰字季鹰,吴郡吴县(今江苏苏州)人,有才华,善
属文,淡泊不拘,当时有"江东步兵"之誉。后为大司马东曹掾,见
秋风起,思念吴中菰菜、莼羹、鲈鱼脍,就辞职归家。

眷思永嘉

说
明

────

　　此诗写作背景是张子容有公干北上京师，孟浩然也要回
到越州，准备回老家襄阳。领联"挂帆愁海路"，明确了其归
途仍是由海上航线返回台州，再到越州。诗意是对张子容既
依依不舍，又希望能够像昔日同学那样，樽酒论文。

送王屋山人魏万还王屋并序（节选）

〔唐〕李白

　　王屋山人魏万，云自嵩、宋沿吴相访，数千里不遇。乘兴游台、越，经永嘉，观谢公石门。后于广陵相见。美其爱文好古，浪迹方外，因述其行而赠是诗。

眷然思永嘉，不惮海路赊。
挂席历海峤，回瞻赤城霞。
赤城渐微没，孤屿前嶢兀。
水续万古流，亭空千霜月。

注

眷然：依恋的样子。

惮：惧怕。

赊：遥远。

挂席：扬起风帆。

历海峤：经过临海峤附近的海面。

渐微没：渐渐地远去，变得渺茫。

孤屿：江心屿，温州瓯江口的岛屿，上有东西两塔，东塔附近有江心寺、谢灵运游览登临题诗遗迹澄鲜阁、谢公亭、浩然楼等，号称温州诗岛，是浙东唐诗之路上著名的胜迹。

嶢兀：耸立的样子。

亭：此指孤屿上的谢公亭。

楠溪江上渔火明

　　李白在浙东盘桓颇久，走过不少地方，而因与司马承祯、吴筠等人的关系，他对天台山更是特别向往。他的粉丝魏万慕李白之名，从登封出发，追踪诗坛大明星李白，追到浙东台州，"雪上天台山"，仍然未追上，就干脆恣游浙东山水，到永嘉、处州、婺州，下钱塘江经杭州返回广陵（扬州），才"春逢翰林伯"，与李白相见。魏万追踪三千里，李白十分感动，与其携手畅游金陵，写下这首送魏万回家的长诗。他们无意间竟几乎绕着浙东走了个遍，为今日的浙东唐诗之路做了一个很好的探索，堪称浙东唐诗之路文旅形象最佳代言人。此处节选从台州乘船到温州的一段诗歌，能给人以浙东海上诗路一个明确指引。

金陵酬李翰林谪仙子（节选）

〔唐〕魏万

二处一不见，拂衣向江东。
五两挂淮月，扁舟随长风。
南游吴越遍，高揖二千石。
雪上天台山，春逢翰林伯。

雪覆天台山

注

金陵：今南京。

翰林：李白被唐玄宗召见后供奉翰林。

谪仙子：李白在长安紫极宫拜见贺知章,献上作品,贺大加赞赏,称李白为"子谪仙人也"。

二处：指此前追踪李白到梁园和邹鲁。

江东：唐代指江南东道。据《旧唐书·地理志三》记载,江南东道治所在苏州,辖润、常、苏、湖、杭、越州中都督府、明、台、婺、衢、信、睦、歙、处、温、福州中都督府、泉、建、汀、漳州。共十八州、二中都督府,包括今江苏苏南、浙江全省和福建、江西、安徽三省的一部分。魏万所经行为两浙(浙西浙东)之域。

五两：用五两鸡毛制成的古代测风仪。

吴越：用古代诸侯国名,吴国以苏州为中心,越国以越州(今绍兴)为中心,即中晚唐时期的浙西观察使和浙东观察使辖区。

二千石：汉朝刺史俸禄为二千石,后遂以代称刺史。

说明

魏万后改名颢,居王屋山。唐肃宗上元元年(760)进士,初遇李白于广陵,后追踪数千里。李白很感动,携游金陵,称赞魏万"尔后必著大名于天下",还拿出自己的全部诗文稿,交魏万编辑成集。魏万于翌年编成《李翰林集》,并为作序。魏万自己的诗文集亡佚,存世唯此一首诗。

越国青山临海尽，灵江秋雨挂帆来

后 记

寒山诗云："雄雄镇世界,天台名独超。"台州山镇是天台,天台之名天上来。浙东唐诗之路上的名山与高峰天台山一直是诗人心目中的仙山,赞颂吟咏之作历代不断,引发游客"凭高登远览,直下见溟渤"的情愫,"来去赤城中,逍遥白云外"的飞翔之心。这是著者时时感受到的台州山水对于诗人的吸引力,诗人们恨不得身生羽翼,飞升观览,亲临其境,一遂夙愿。自2018年浙江省政府工作报告提出要"积极打造浙东唐诗之路和钱塘江唐诗之路"以来,浙江省掀起重视唐诗之路研究、保护和利用的热潮,翌年冬中国唐代文学学会唐诗之路研究会成立,进一步把这种势头推向新的高度。从文旅角度来看,"浙东唐诗之路"的提出既是学术界的一股清风,引起文人学者很大的兴趣,又是旅游界的一股清流,为旅游业打开一扇通向"诗和远方"的人门。连通九州、延绵万里的唐诗之路游线,引起从业者浓厚的兴趣,使他们觉察到唐诗之路旅游的广阔前景;唐诗之路更是广大游客耳熟能详的目的地,它把山水之美与人文之美融会贯通,极大地激发了游客的游兴。

这本《浙东诗路看台州》是笔者在浙东诗路研究三十年间编纂的第一种面向大众、服务诗路文旅游客的读物。笔者以唐朝诗人敏锐的眼睛为滤镜,择取浙东唐诗之路台州段的山水人文,融合诗人充沛的感情,用他们优美的诗歌记录定格,加上简要的注释和说明,写成文本。再由摄影师许爱珍女士根据诗意,配上精心拍摄的诗路风光照片。诗画配合,相得益彰,使本书既是诗歌佳作之选,又是风光实景之作,汇通古今,架起到达浙东唐诗之路台州段的桥梁。本书为台州市文史研究馆首届文史研究立项的重点课题,获得台州市文史研究馆和市政协文史委主要领导认可。获得中国唐代文学学会唐诗之路研究会的推荐，获得浙江省社科联、台州市社科联、台州市文化和广电旅游体育局等单位的大力支持和倾情推荐。

在编撰与出版过程中，笔者还得到了众多领导和友人的热情帮助，特此鸣谢：著名学者、南开大学博导、中国唐诗之路研究会会长卢盛江教授，台州市政协副主席、台州市文史研究馆馆长陈金华，台州市文史研究馆原馆长李立飞，浙江省社科联科普处处长王三炼，台州市委宣传部副部长陈永华，台州市政协文史委主任陈文献，台州市政协文史委原主任莫锋，台州市社科联主席严钢，台州市社科联副主席汤天伟，台州市文联主席曹蕉红，台州市文化和广电旅游体育局局长蔡文富，天台县政协主席卢益民，天台县摄影师高弘奇，浙江工商大学出版社编辑沈娴、刘颖，我的同事单仁慰，等等。

此书作为浙东唐诗之路应用研究的一种尝试，难免存在疏漏与不足，有待方家和广大读者指正。而以诗配图，适应当前的时代口味，让本书既可做诗路旅游导览与预习用书，也可当诗路文旅诗歌学习与风景欣赏用书。可谓一册在手，可读可游；诗仙先导，引领探幽；山风海景，足往神留；言语难描，美哉台州！

著 者

2024 年 11 月于菊筠斋